A HISTÓRIA

NÃO CONTADA

DO MAIOR

ACIDENTE

AÉREO DA

AVIAÇÃO

BRASILEIRA

A HISTÓRIA NÃO CONTADA DO MAIOR ACIDENTE AÉREO DA AVIAÇÃO BRASILEIRA

EDUARDO LEMOS BARBOSA

2ª EDIÇÃO

Copyright ©2019 Editora Manole Ltda. por meio de contrato de coedição com o autor.

EDITOR GESTOR: Sônia Midori Fujiyoshi
EDITORA: Cristiana Gonzaga S. Corrêa
PRODUÇÃO EDITORIAL: Visão Editorial
PROJETO GRÁFICO E DIAGRAMAÇÃO: Visão Editorial
CAPA: Daniel Justi

CIP-BRASIL. CATALOGAÇÃO NA PUBLICAÇÃO
SINDICATO NACIONAL DOS EDITORES DE LIVROS, RJ

B196h
2. ed.

    Barbosa, Eduardo Lemos
    A história não contada do maior acidente aéreo da aviação brasileira / Eduardo Lemos Barbosa. - 2. ed. - Barueri [SP] : Manole, 2019.
        160 p. : il. ; 22 cm.
        ISBN 978-85-7868-368-9
        1. Direito de família - Brasil. 2. Acidentes aéreos. I. Título.
18-52513

CDU: 347.6

Vanessa Mafra Xavier Salgado - Bibliotecária - CRB-7/66441

Todos os direitos reservados.
Nenhuma parte deste livro poderá ser reproduzida, por
qualquer processo, sem a permissão expressa dos editores.
É proibida a reprodução por xerox.
A Editora Manole é filiada à ABDR – Associação Brasileira de Direitos Reprográficos.

2ª edição – 2019

Editora Manole Ltda.
Avenida Ceci, 672 – Tamboré
06460-120 – Barueri – SP – Brasil
Tel.: (11) 4196-6000
www.manole.com.br | https://atendimento.manole.com.br/
Impresso no Brasil | *Printed in Brazil*

São de responsabilidade do autor as informações contidas nesta obra.
Os nomes de algumas pessoas são fictícios, a fim de preservar a identidade pessoal.

*À minha esposa amada, companheira, parceira de
todos os momentos, Cristina, que aceitou o desafio de
trabalhar comigo e compreendeu as minhas ausências
para eu poder contar esta história;
ao meu querido filho, Dudu, que me encanta a cada dia;
e aos ausentes, pelos mais diversos motivos.*

AGRADECIMENTOS

AOS AMIGOS QUE fiz, que me honram com sua amizade – nascida em função do meu trabalho relacionado à tragédia – e que se tornaram inseparáveis, Josmeyr Alves de Oliveira, Rubens Seidl, Aldacir Seidl, Luiz Roberto Arruda Sampaio, Selma e Deize.

À jornalista e amiga, Teresinha Tarcitano, que colaborou de forma muito importante para a realização desta obra.

Ao meu grande amigo Domingos Martin, que sempre me incentivou a atuar nas indenizações.

Ao presidente do Conselho Federal da Ordem dos Advogados do Brasil (CFOAB), meu amigo e irmão, Claudio Pacheco Prates Lamachia, que, desde os tempos de faculdade na PUC-RS, já se mostrava um líder; que sempre acreditou em mim e me estimulou na luta pela advocacia, tornando-se uma verdadeira inspiração.

Aos amigos de todas as horas: Edson Freitas Siqueira, que me estendeu a mão quando precisei; e Rolf Madaleno, por suas palavras certas.

Ao meu querido prefaciador, Luiz Fernando do Vale de Almeida Guilherme.

Faltariam linhas para elencar todos...

Esta segunda edição, que me deixa extremamente orgulhoso haja vista a comprovação do interesse do público em geral, e não somente de operadores do Direito, traz um componente mais atualizado no que tange às questões indenizatórias.

É impressionante como esse acidente, que foi o maior da história da aviação brasileira, ainda surte intensos efeitos jurídicos.

Assim, renovando os votos a todos aqueles que contribuíram e já foram citados na primeira edição, gostaria de cumprimentar a Editora Manole, na pessoa de Daniela Manole, por sua crença nesta obra.

SUMÁRIO

PREFÁCIO   11

APRESENTAÇÃO   13

INTRODUÇÃO   15

PARTE 1 – OS RELATOS   17

CAPÍTULO 1 – CONVITE   19

CAPÍTULO 2 – PROPOSTA   27

CAPÍTULO 3 – OS NORTE-AMERICANOS   35

CAPÍTULO 4 – UM BRINDE   43

CAPÍTULO 5 – PARCERIA   51

CAPÍTULO 6 – ROTEIRO DA VIAGEM   59

CAPÍTULO 7 – LOS ANGELES   63

CAPÍTULO 8 – MIAMI   73

CAPÍTULO 9 – DE VOLTA AO BRASIL   77

CAPÍTULO 10 – ENTROSAMENTO   81

CAPÍTULO 11 – REUNIÃO DA AFAVITAM   85

CAPÍTULO 12 – DESAFIO   95

CAPÍTULO 13 – VIAGEM A CAMPOS   99

PARTE 2 – A DOUTRINA   103

CAPÍTULO 14 – *COMMON LAW*   105

CAPÍTULO 15 – *PUNITIVE DAMAGES*   109

CAPÍTULO 16 – *CASES*   113

PARTE 3 – RELATOS FINAIS E O DESFECHO   119

CAPÍTULO 17 – PRESIDENTE DA TAM   121

CAPÍTULO 18 – REUNIÃO EM PORTO ALEGRE   129

CAPÍTULO 19 – OS ADVOGADOS NA REUNIÃO   135

CAPÍTULO 20 – ACORDO I   141

CAPÍTULO 21 – TESTEMUNHAS NOS ESTADOS UNIDOS   145

CAPÍTULO 22 – ACORDO II   147

CAPÍTULO 23 – UNIÃO   151

CAPÍTULO 24 – AS LUTAS NAS INDENIZAÇÕES NÃO

TERMINARAM   155

PREFÁCIO

O PRESTIGIADO DR. Eduardo Barbosa, já há muito reconhecido no cenário nacional por sua militância no âmbito da Responsabilidade Civil e do Direito de Família, vem presentear o leitor com a obra que temos em mãos.

O tema, por si só, já é bastante polêmico, pois se trata de um caso de grande comoção nacional: o desastre envolvendo o voo JJ 3054, operado pela TAM, que, em julho de 2007, ao tentar pousar no aeroporto de Congonhas, São Paulo, não conseguiu frear, culminando em 199 vítimas fatais.

É sobre o maior desastre aéreo da história brasileira que o consagrado autor lança, com a precisão e a leveza que a matéria pede, uma obra pioneira, revisitando os fatos e mesclando romance e Direito.

Por tais razões, o presente livro é altamente recomendado não só para o público leigo, em razão das implicações e dos dramas pessoais surgidos com o acidente, como também para os amantes de Têmis.

Os diálogos, em tom narrativo bastante preciso, envolvem o leitor, transportando-o para dentro da tragédia vivenciada pelas famílias das vítimas do fatídico voo, sem qualquer sensacionalismo ou vulgarização do tema.

Ainda, se em outros países já foram editados inúmeros livros, filmes e séries sobre o dia a dia forense, o tema ainda é relativamente novo no Brasil. Também neste campo, é pioneiro o nobre colega autor, tratando da atuação do advogado em um processo delicado.

O dr. Eduardo Barbosa abrilhanta a obra com diversos comentários de natureza principiológica e doutrinária, em linguagem acessível, inclusive para aqueles que não militam no campo jurídico.

Aliás, o autor dispensa apresentações. Apenas de passagem, diga-se, é advogado há cerca de 25 anos, com pós-graduação em Direito de Família pela Pontifícia Universidade Católica do Rio Grande do Sul. É conselheiro estadual da Ordem dos Advogados do Brasil da Seccional do Rio Grande do Sul (OAB-RS), membro da Escola Nacional de Advocacia do Conselho Federal da Ordem dos Advogados do Brasil (ENA-CFOAB) e, ainda, Diretor da Escola Superior de Advocacia (ESA) do Rio Grande do Sul e do Instituto Brasileiro de Direito de Família – Seção do Rio Grande do Sul (IBDFAM-RS).

São mandatórias as seguintes obras do dr. Eduardo Barbosa: *Responsabilidade civil em direto de família* e *Direito de família nas questões empresariais*.

Por essas razões, devo confessar que me senti bastante honrado com o convite feito pessoalmente pelo dr. Eduardo Barbosa para prefaciar esta obra, sem dúvida polêmica, mas inédita e necessária em nosso mercado editorial.

Luiz Fernando do Vale de Almeida Guilherme
Advogado, sócio do Almeida Guilherme Advogados Associados.
Mestre e Doutor pela Pontifícia Universidade Católica de São Paulo (PUC-SP). Professor de Direito de diversas faculdades*.
Autor de diversos artigos e livros jurídicos**.

---

*Faculdade de Direito da Universidade Presbiteriana Mackenzie (UPM), da PUC-SP, da Fundação Armando Alvares Penteado (Faap), da Escola Paulista de Magistratura, do IBMEC-SP, do Complexo Educacional Damásio de Jesus e da Faculdade Santa Marcelina. **Manual de arbitragem *(Saraiva)*, Código Civil comentado *(Manole)*, Manual de Direito Civil – Tabela com resumo e questões de concursos e da Ordem *(Manole)*, Manual dos MESCs – meios extrajudiciais de soluções de conflitos *(Manole)* e Comentários à Lei de Locações – Lei n. 8.245, de 18 de outubro de 1991 *(Manole)*.

APRESENTAÇÃO

NO ANO EM que completou uma década o mais trágico acidente aéreo já registrado em território nacional, envolvendo um avião da TAM que seguia de Porto Alegre para São Paulo, foi oportuno o lançamento da primeira edição desta obra corajosa e comovente, que aborda os bastidores da disputa judicial empreendida por parentes de muitas das 199 vítimas do trágico acontecimento. Esta segunda edição não muda os fatos, nem ao menos o sofrimento das vítimas, mas incorpora um capítulo sobre a infindável luta das famílias no que diz respeito às indenizações.

Escrito pelo dr. Eduardo Lemos Barbosa, advogado de algumas dessas famílias, este livro oferece ao leitor a oportunidade de conhecer relatos de superação e verdadeira fraternidade. Ao mesmo tempo, a obra põe em evidência o mais importante e nobilitante aspecto da advocacia: a dimensão humana da profissão, cujo exercício nos conduz a lidar com dramas e conflitos que, com frequência, transformam decisivamente a nossa vida, impelindo-nos a não medir esforços para reduzir o sofrimento alheio, o qual acaba por também se tornar nosso.

O livro que ora se publica contém inúmeras lições de Direito, ministradas com admirável naturalidade pelo dr. Eduardo Lemos Barbosa. Todavia, acima de tudo, fica-nos a extraordinária lição de humanismo, fundamentada no genuíno sentimento de solidariedade.

O autor merece, portanto, as mais sinceras congratulações pela iniciativa de compartilhar conosco sua experiência pessoal no curso de uma história que, em virtude de suas graves consequências humanitárias e de suas relevantes implicações jurídicas, não pode ser esquecida pela sociedade brasileira. Embora particulares, as vivências narradas têm valor universal, concedendo à obra um caráter profundamente edificante para todos os seus leitores.

Claudio Lamachia
Advogado e Presidente do Conselho Federal da OAB

INTRODUÇÃO

A VIDA DA gente pode mudar em um lapso de tempo ínfimo.

O dia 17 de julho de 2007 mudou a vida de centenas de pessoas. Depois das 18:48:50s daquela terça-feira, as famílias de 199 vítimas que faleceram naquele instante nunca mais foram as mesmas. O destino de mulheres, crianças, homens e idosos(as) foi tragicamente alterado para sempre.

Além dos familiares, também amigos e profissionais (advogados, psicólogos, psiquiatras, promotores, delegados, entre outros) que trabalharam naquele acidente tiveram seu futuro alterado.

A própria aviação comercial brasileira foi modificada, tornando-se mais exigente em várias questões, como segurança nas aeronaves e nas pistas dos aeroportos.

Como advogado que atuou diretamente no acidente, convivendo cerca de três anos com as famílias das vítimas, presenciando sua dor, sua ira, suas lágrimas e seu inconformismo em ter perdido seu familiar daquela forma abrupta, estúpida e dramática, nunca, até hoje, consegui esquecer esse passado.

E foi nesse sentido que, ao longo dos anos, a ideia de contar a história deste que foi o maior acidente da história da aviação brasileira me perseguiu.

Há um ano e meio, comecei a escrever os fatos, as questões jurídicas (com ação internacional inclusive), os aspectos internos do acidente e a importância da Afavitam (Associação das Famílias Vítimas do Voo da TAM), com o objetivo de transformar luto em luta, a favor dos direitos, em todos os aspectos, dos filhos, pais, mães, maridos, esposas, sobrinhos(as), primo(as) e avós daqueles que faleceram no terrível acidente.

Acidente que poderia ter sido evitado.

Em uma visão pessoal, relato também como a minha vida foi totalmente modificada, alterando o rumo do meu destino pessoal e profissional.

Esses familiares são verdadeiros heróis, lutadores incansáveis que travaram batalhas contra poderosas empresas governamentais e particulares, com o intuito de buscar justiça para a vida dos que se foram!

E assim, preservando a intimidade das pessoas, conto a luta dessas famílias e dessa associação que foi única no mundo, para que toda essa história não seja esquecida!

PARTE 1
OS RELATOS

CAPÍTULO 1
CONVITE

ERA UMA MANHÃ chuvosa de segunda-feira quando Renata entrou na sala do meu escritório. Havíamos conseguido um acordo no seu processo e, assim, ela estava aliviada.

Conversando, após um segundo cafezinho, Renata me convidou:

— Gostaria de ir à missa de 30 dias do falecimento de meu irmão?

— Como assim?

— Ele morreu no voo da TAM, o nome dele é André e morava em São Paulo, com a mulher. A verdade é que meus pais e eu também não somos íntimos da minha cunhada.

— Ah, é?

— Sim. Meus pais estão muito mal. Arrasados!

— Imagino.

— Eles não têm advogado, e acho que talvez você pudesse os ajudar.

— Bem, se você acha... – respondi.

— Acho mesmo. Estará presente toda a diretoria da empresa em que meu irmão trabalhava, e meus pais estão precisando de um advogado. Acho que você pode os assessorar.

— Está bem. Onde é?

— Você não imagina; é na Igreja bem perto do seu escritório.

— Que coincidência!

— Eu te espero lá. Começa às dezenove horas.

— Ok. Obrigado pela confiança.

E, assim, acompanhei a Renata até a porta de saída do escritório, imaginando o que seria aquela missa.

Eu mal sabia que aquele convite mudaria a minha vida para sempre!

Cheguei à Igreja pontualmente às sete horas da noite. Achei incrível que fosse uma igreja a quatro quadras do meu escritório. Ainda mais sendo uma igreja pouco conhecida da cidade.

Fui me aproximando, tentando localizar alguém conhecido, principalmente a Renata. Logo vi os diretores da empresa, pessoas de muito destaque no cenário empresarial do país.

E lá estava a Renata, junto a um casal de mais idade, que concluí serem seus pais, bem na primeira fileira de bancos.

Na fileira de trás, estavam os diretores da empresa.

A igreja estava com metade dos assentos ocupada, pois era muito grande, e imagino que havia cerca de cinquenta pessoas naquela ocasião.

Sentei-me no banco de trás, um pouco sem jeito e observando tudo.

A missa foi bem emocionante, com muitas homenagens a André, que levava os pais dele a um choro contínuo e quase incontido.

Fiquei muito sensibilizado pela dor deles. Ao final, todos os diretores da empresa foram se solidarizar com os dois e Renata.

Procurei esperá-los na soleira da porta da igreja, quando todos já tivessem saído. Logo Renata me viu e me apresentou aos seus pais, dona Ligia e *seu* Pedro. Em poucos minutos, percebi que se tratava de um amor de casal.

Estavam destruídos emocionalmente. A mãe, Ligia, só falava que queria logo se encontrar com seu filho. E *seu* Pedro dizia que a vida tinha perdido a graça para ele.

Ainda assim, eram carinhosos e meigos, além de muito educados.

Ficamos conversando nas escadarias da igreja por mais de uma hora. E foi muito produtiva a conversa, pois, ao final, convidaram-me para ir à casa deles, no dia seguinte, pela manhã, para prosseguirmos a conversa.

No dia seguinte, às nove horas da manhã, cheguei à residência da família Lima. Era uma casa antiga, com jardim e garagem, em um bairro residencial que ainda resistia à invasão dos prédios.

Fui recebido com certa cerimônia na sala de estar daquela tradicional família. Os móveis eram pesados e aparentavam ter uns trinta anos. Havia uma cristaleira com fotografias da família que logo foram alcançadas pelo casal, e fui convidado para conhecer o seu filho André.

Era um jovem de cerca de 35 anos, com boa aparência. Parecia ser de estatura baixa, assim como seus pais, e tinha um cabelo levemente comprido.

Fiquei com aquele velho retrato na mão, enquanto dona Ligia me contava sobre a vida de seu filho, entre crises de choro e interrupções para limpar as lágrimas. O pai, *seu* Pedro, ficava mirando alguma coisa perdida no fundo, estando visivelmente em transe... E eu não sabia o que dizer ou fazer!

Contive as lágrimas quando dona Ligia me contou sobre como sentia falta de André. Ela disse que se levantava durante as noites e olhava para o telefone fixo da casa, esperando pela ligação que o filho fazia, via de regra, todas as noites.

André era um funcionário que fez carreira na Winsley e, por uma promoção, tinha sido transferido há três anos para São Paulo. Lá, ele conhecera Carla, um pouco mais jovem, que na ocasião cursava faculdade de Psicologia. Em pouco tempo de namoro, vieram a se casar e seguiram morando em São Paulo.

Após se soltar na conversa comigo e na presença de *seu* Pedro, dona Ligia foi pegando mais confiança em mim. Quando veio da cozinha, com uma bandeja de cafezinho e biscoitos, colocando-a na mesa da sala, ela me falou:

— Sabe, Eduardo, quero te falar a verdade. Eu nunca me relacionei de forma mais próxima com a Carla. Nem o Pedro.

— Acho que meu filho poderia ter escolhido melhor sua esposa. Afinal, ele era um executivo da Winsley e ela sequer trabalhava. Vivia à custa dele!

— Mas não é só por isso. – continuou. Ela não era e nem se esforçava para ser simpática comigo, com o Pedro ou mesmo com a Renata. Você acredita que nunca nos convidou para visitar a casa do meu filho em São Paulo? As duas únicas vezes que estive lá, em três anos, foi porque meu filho insistiu para a gente ir. E ela não sabe receber a gente, credo! Eu me sentia uma visita na casa do meu próprio filho!

Seu Pedro resolveu falar naquele instante:

— Eu não me sentia à vontade na casa do meu filho. Foi meu filho quem comprou o apartamento, com o dinheiro dele. A mínima educação ensina que ela tinha que agradar aos sogros! Mas, que nada... Depois da última viagem, prometi que não iria mais lá. Eu disse para o André: "Meu filho, seu quarto está lá em casa, e sempre estará lhe esperando".

Naquele momento, *seu* Pedro começou a chorar copiosamente. Ele estava muito emocionado, as lágrimas brotavam de seus olhos ao se lembrar de André.

Fui puxando assunto e perguntei o que André estava fazendo em Porto Alegre naquela época, julho de 2007. *Seu* Pedro informou-me que ele estava ali a trabalho, uma vez que a matriz da Winsley ficava em Porto Alegre.

Segundo *seu* Pedro, ele havia chegado um dia antes, 16 de julho, e tinha passado o dia na empresa. Por volta das dezenove horas, André fora para a casa deles, onde dona Ligia já o esperava com seu prato preferido, lasanha verde de carne.

André era um filho muito amado e admirado por seus pais! Dona Ligia e *seu* Pedro tinham muito orgulho pelo sucesso profissional de seu filho. Percebi que o sentimento deles por André era muito mais forte do que aquele que nutriam por Renata. Era muito claro isso.

Por último, depois de ouvir mais algumas histórias sobre André, falei do contrato de honorários, assunto sobre o qual todo advogado fica ansioso para conversar. Expus como eu trabalhava e que só iria receber ao final da ação de indenização que moveria. Combinamos o percentual sem maiores problemas e fiquei de levar, dali a sete dias, o contrato de honorários e a procuração para eles assinarem. Em contrapartida, o casal ficou de passar para mim alguns documentos como fotos, certidão de óbito e diplomas de formação de André.

Falei que o ideal era toda a família estar reunida no processo indenizatório; assim, a presença de Carla era importante. Dona Ligia, um tanto contrariada, falou que telefonaria para ela para ver se a nora concordava em me contratar também. Assim, decidimos que, em uma semana, eu retornaria e voltaríamos a conversar.

Eu me despedi daquele casal com um forte sentimento de compaixão e, ao mesmo tempo, muito determinado a fazer um bom trabalho para que eu pudesse tirar um pouco da dor que os assolava.

Naquela noite, não dormi. Eu me revirava na cama. Não podia deixar de pensar em dona Ligia, *seu* Pedro... André. Questionava-me: como eu faria aquela ação?

Minha área de atuação era mais concentrada no Direito de Família; nunca havia feito uma ação indenizatória. Meu escritório era pequeno; resumia-se a mim, meu colega Tarcísio e nossa secretária, chamada Marlene.

***

Eu me lembrava da minha história de vida. Antiga e recente.

Sou advogado desde 1987, quando recebi minha carteira profissional. Contudo, comecei a exercer efetivamente a profissão em 1998, o que ocorreu de forma bem tímida.

Nasci filho de portugueses e com irmãos também portugueses. Sou o filho caçula de três e o único brasileiro da família. Meu irmão Joaquim, já falecido, tinha oito anos de diferença em relação a mim. Minha irmã Branca está viva e tem onze anos a mais. Praticamente todo o restante dos parentes reside em Portugal, com exceção de um primo chamado Luís, que mora no Rio de Janeiro e tem dois filhos. Ao longo da vida, tornei-me muito amigo de sua mulher, Yeda – a qual, mais tarde, veio a se tornar ex-esposa.

Minha família foi marcada por dramas um tanto fortes.

Meu pai saiu de casa quando eu tinha dez anos de idade e nunca foi muito presente. Fui criado pela minha mãe, Maria Emilia, com ajuda da minha irmã.

Minha mãe era uma mulher bonita, com cabelos mais para o castanho, olhos verdes, de estatura mediana. (Tenho que assinalar que escrevo essas palavras na véspera do Dia das Mães! Não pensem que planejei, incrivelmente aconteceu essa coincidência.)

Quando eu estava com 25 anos de idade, minha mãe sofreu da doença de Alzheimer e ficou seis anos em uma cama, inconsciente. Isso era o que os médicos diziam; mas, quando avistava a mim e ao meu cunhado, Jacó, ela manifestava uma expressão diferente. Lançava um olhar de tristeza ou, em outras vezes, um olhar que parecia querer se comunicar, falar alguma coisa. Era muito deprimente vê-la naquela situação. Cansei de chorar ao observá-la. Muitas noites, mesmo de madrugada, eu ia ao seu apartamento para vê-la.

Meu pai alugara um apartamento no mesmo prédio da minha irmã, um andar acima, para que ela pudesse ajudar a cuidar de minha mãe; além disso, mantinha ali uma enfermeira 24 horas. Nesse ponto, meu pai foi muito correto e nunca deixou faltar nada a ela.

Afirmo que sinto falta dela até hoje! Lembro-me do bacalhau que ela fazia... maravilhoso! O arroz de bacalhau, nunca comi outro igual! Seus bifes, seu feijão. Muita saudade. Sorte de quem tem a sua mãe! Confesso que tenho inveja. Eu ia com ela à Igreja da Auxiliadora todos os domingos, onde aprendi a conhecer Deus, que mais adiante veio a salvar a minha vida.

Enfim, passados os meus anos de infância e início da adolescência, com minha irmã já casada e meu pai separado, sobrávamos eu, meu irmão e minha mãe. Meu irmão Joaquim era um tanto problemático, e não demorou muito até sair de casa, quando foi morar com uma mulher que já tinha tido um outro relacionamento, inclusive com filhos.

Portanto, vivemos somente eu e minha mãe em um apartamento grande, embora antigo, na rua Bordini, durante seis anos, até eu ir morar sozinho com 22 anos de idade. Certamente, não fui o melhor dos filhos, mas tínhamos uma convivência muito boa.

Lembro-me, como se fosse hoje, de deixar de sair no sábado à noite para ficar ao lado de dona Maria Emília, tomando um vinho português e assistindo a filmes na televisão.

De pijama e chambre, ela se sentava no sofá da sala, e eu ficava na poltrona. Nos intervalos comerciais, ela me contava como tinha sido sua vida em Portugal, como tinha conhecido meu pai, como o amor deles tinha sido forte!

Tão forte que ele deixou Portugal, na cidade do Porto, depois de brigar com seu pai – meu avô, que tinha um comércio na cidade e vivia muito bem financeiramente – para se aventurar no Brasil, na cidade do Rio de Janeiro.

Ele veio na frente. Ela veio depois e com os dois filhos, meus irmãos, que já haviam nascido, para se aventurar em um país estranho. Ela era de família rica e tradicional; deixou tudo para trás e veio com ele.

Dois anos depois, meu pai saiu do Rio de Janeiro e foi para Porto Alegre, onde iniciou um comércio de roupas masculinas. Ao longo dos anos, prosperou. Chegou a ter mil funcionários e mais vinte lojas na região Sul do país.

Voltando à minha história, aos dezoito anos, eu ingressei na Faculdade de Direito da PUC-RS e estagiava no escritório dos drs. Luiz Vilar e Paulo Muller. No entanto, em uma das poucas visitas que recebi de meu pai fez, ele me convidou para ir trabalhar com ele na rede de lojas.

Foram várias as insistências. Em um primeiro momento, eu não quis. Minha mãe também desaprovava. Contudo, após um tempo, acabei atraído pelo mundo do comércio descrito por meu pai. Em resumo, trabalhei com ele por quinze anos – dos 18 aos 32 anos de idade. Os desentendimentos vieram, assim como a morte de minha mãe, em 1993, o que me levou a brigar com meu pai e a sair do negócio.

Depois, tive uma loja na praia de Canavieiras, em Santa Catarina, com o objetivo de atender argentinos que, na época, tinham o hábito de gastar seus pesos no Brasil, em especial no litoral catarinense. Todavia, naquele fatídico verão de 1994, um plano econômico chamado Cavallo inviabilizou a vantagem econômica que os *hermanos* pudessem ter no Brasil em razão do câmbio.

Naquele momento, eu estava quebrado! A pequena loja que tinha estava abarrotada de mercadoria comprada no Rio de Janeiro, com a ajuda de Yeda, a ex-esposa do meu primo Luís, e ninguém comprava!

No desespero, falei para a minha então namorada da época, Rose, que, se quiséssemos comer, teríamos que vender mercadorias na beira da praia. Ela respondeu dizendo que eu estava louco, virando um camelô. E eu falei:

— É isso ou passar fome.

E assim foi. Eu parecia uma árvore de Natal carregando as mercadorias praia afora! Sinceramente, não sei se choro ou dou gargalhadas lembrando disso, mas foi o que fiz para sobreviver.

No fim do verão de 1994, meu fiel amigo Edson apareceu no *camping*, onde eu morava, e me levou para trabalhar com ele. Devo muito ao Edson!

E, assim, comecei a minha vida na advocacia. Não sabia absolutamente nada de Direito. Aliás, não sabia nem digitar. Tive que me matricular na Escola Nacional de Datilografia – acredite se quiser.

Após cerca de três anos trabalhando com o Edson, resolvi dar um passo adiante e, em 1998, abri meu escritório com mais um colega, o Marcos. Depois de uns anos, rompi a sociedade com Marcos. Em 2007, eu tinha nove anos de advocacia efetiva sob a minha batuta e, junto comigo, dois funcionários, Tarcísio, também advogado, e Marlene, a nossa secretária. Nesse cenário, o voo JJ 3054 da TAM entrou na minha vida.

CAPÍTULO 2

PROPOSTA

EM 2007, EU estava cursando pós-graduação em Direito de Família, na PUC-RS. As aulas haviam começado em abril e aconteciam duas vezes por semana: às sextas-feiras à noite e aos sábados de manhã. Eu estava gostando das aulas, pois era uma matéria à qual eu me dedicava no dia a dia.

É claro que eu trabalhava bastante durante o horário comercial, pois a profissão de advogado é muito dura. Aliás, penso que um advogado tem que ser várias coisas ao mesmo tempo: psicólogo, humorista, além de ter, acima de tudo, muita, mas muita presença de espírito. Nem estou considerando o conhecimento técnico que já se presume que o profissional deva ter. Aliás, o advogado tem que estar sempre atualizado, sempre lendo.

Pois bem, enquanto eu aguardava ansiosamente pelas aulas do curso – e, confesso, também para ficar observando uma loira alta e muito bela que era minha colega –, ficava pensando no que eu iria fazer com a ação de indenização do André. Havia se passado cerca de um mês do dia da assinatura do contrato e da procuração e eu não tinha me convencido sobre o que fazer.

Como sempre fiz, eu lia livros, pesquisava, mas nada parecia indicar o caminho jurídico a ser seguido. Até que, em uma tarde, no foro central de Porto Alegre, um amigo me abordou e perguntou:

— Eduardo, você pegou algum caso de vítima do voo da TAM?

— Para dizer a verdade, peguei, sim. Estou pelos pais da vítima – respondi.

— Tenho um amigo, o Marco Antônio, que pegou um caso e repassou para um escritório norte-americano.

— Como assim? – perguntei.

— Olha só, você ouviu falar do filme *Erin Brockovich*, com a Julia Roberts, que ganhou o Oscar em 1999?

— Sim, claro, sou fã de cinema. E daí?

— Pois é, esse mesmo pessoal está aqui em Porto Alegre, hospedado e com escritório montado no Hotel Sheraton. Eles estão arrecadando clientes para ingressar com ação nos Estados Unidos, mas posso me informar melhor e te passar. Que tal?

— Como faço para encontrá-los? Pode me passar algum contato deles? – perguntei.

— Até amanhã, no máximo, eu te passo o contato – meu amigo respondeu.

— Valeu mesmo, Daniel. Não sei como te agradecer. Vou esperar então. Tchau, meu velho.

Saí daquele foro superintrospectivo e tentando imaginar o que seria aquela informação que o Daniel havia me passado. Minha inquietude durou até o meio-dia do dia seguinte.

Foi quando ele me passou o telefone da Raquel, que, segundo ele, era uma advogada brasileira que fazia o "meio de campo" dos estadunidenses. Prontamente liguei para ela. Já sou ansioso por natureza, imagine naquela situação.

Eu estava na minha sala; fechei a porta para que nem o Tarcísio nem a Marlene ouvissem a ligação. Nada contra eles, eu só queria ficar sozinho e sem interrupção.

Liguei; o telefone tocou até cair a ligação. "Calma", pensei, e liguei de novo.

— Alô.

— É a dra. Raquel?

— Sim, pois não. Quem fala?

— Aqui é o advogado Eduardo Lemos Barbosa (logo pensei na bobagem de falar o nome completo), sou advogado dos pais de uma vítima do voo da TAM e fui indicado pelo dr. Marco Antônio para conversar com você.

A dra. Raquel já se mostrou superproativa:

— Lógico, dr. Eduardo. Venha para cá. Estamos em um andar inteiro no Hotel Sheraton para atender aos familiares do acidente, bem como os advogados.

Senti muita firmeza no convite da dra. Raquel e marquei de ir logo no próximo dia, às quatorze horas. Desliguei o celular com sensação de boa energia.

No dia seguinte, compareci no horário marcado, no Hotel Sheraton. Esse hotel fica na parte mais nobre da cidade de Porto Alegre, dentro de um *shopping*, com muito *glamour* e frequentado por pessoas de classe alta.

Quando entrei na recepção do andar disponibilizado para os estadunidenses, logo percebi a estrutura montada. Havia uma mesa grande repleta de iguarias para comer e beber. Era um verdadeiro *buffet*, que impressionava a quem adentrasse no ambiente.

Logo veio a dra. Raquel me receber. Alta, usava um terno feminino preto com camisa branca. Tinha uma apresentação bem sóbria.

— Seja bem-vindo, dr. Eduardo.

— Obrigado, dra. Raquel.

E logo me convidou para me servir do *buffet*. Respondi que recentemente havia saído do almoço e estava satisfeito. Então, ela me convidou para entrar em uma sala de reunião que estava disponível, dentre as tantas que havia no andar.

A dra. Raquel fechou a porta, nós nos sentamos e ela começou a falar:

— Dr. Eduardo, sou gaúcha também e advogada. Fiz uma parceria com o escritório de advocacia dos Estados Unidos, o Masry & Vititoe, que fica em Los Angeles. O mesmo do filme da Erin Brockovich, conhece?

— Sim, sei. Mas como você os conheceu?

— Bem, é uma história longa. Meu pai, Lázaro, estava assistindo à televisão logo após o acidente e ficou pensando. Ele é muito inteligente, sabe, dr. Eduardo?

— Ele é advogado também?

— Não. É corretor de imóveis.

E continuou:

— Daí, ele ficou pesquisando na internet e viu que o escritório de advocacia mais famoso que existe é o do filme, o Masry & Vititoe. Mandamos um e-mail e estamos aqui.

— Hum... sei – respondi incrédulo.

— Então, estamos trabalhando direto com os norte-americanos. Larguei minhas atividades e estou abordando todas as famílias de vítimas para ingressarem na Justiça norte-americana conosco.

— Mas, dra. Raquel, como se daria tecnicamente essa ação?

— Bem, dr. Eduardo, o negócio é o seguinte. Naquele avião, tinha um passageiro norte-americano, Michael Green. A ideia é ingressar com ação de indenização para o Michael no local de nascimento dele e, assim, as famílias brasileiras ficariam agregadas a ele.

— Sei, tipo um litisconsórcio?

— Exatamente – ela respondeu.

— E é possível assim?

— Claro, a estratégia é do escritório norte-americano. Estão convencidos disso. Até porque só vão ganhar os honorários ao final. Portanto, se não der certo, os norte-americanos não vão ver a cor do dinheiro.

— Entendi. E já que você tocou nos honorários, como ficam os meus honorários dentro disso?

— O escritório norte-americano cobra um percentual dos clientes. Você, que é o advogado que traz, leva uma parte desse percentual.

— É pouco! – respondi.

— Nada. Você não vai fazer nada de petição, só trazer o cliente. E claro, você dará suporte no trabalho, aqui no Brasil. E outra, a indenização lá nos Estados Unidos é bem maior, sabia?

— Ouvi falar – eu disse.

— Então. Você vai ganhar em dólares, doutor.

— Tenho que pensar.

Naquele momento, minha respiração aumentou e fiquei imaginando mil coisas, mas pensei em alguns pontos e perguntei:

— Quero conhecer os advogados norte-americanos. Eles estão aqui?

— Sim, estão, o Jim Vititoe e o George.

— Quem são exatamente?

— O Jim é o dono do escritório Masry & Vititoe, e o George é o estrategista da causa.

— Interessante.

— Você fala inglês? – ela perguntou.

Naquele momento, senti um calafrio no fundo da alma e respondi:

— Não muito bem.

— Ah, mas não se preocupe, pois eles contrataram um tradutor-intérprete, o Wilson. Ele é ótimo.

— É, parece que estão bem estruturados.

— Você nem imagina. Estou com eles há dois meses e convivo direto com os norte-americanos. São muito organizados. Tudo é pensado e planejado. O George é o "cabeça". O Jim é mais aparência. Ah, e tem a Silvia, que é a secretária. Maravilhosa! Ela arruma tudo. Os telefones dos possíveis clientes, as viagens, os hotéis em que eu fico hospedada. Tudo! É muito eficiente a Silvia, além de supersimpática.

— Espere aí. Como assim, você está fazendo mais viagens? Para quê?

— Vou te contar. Afinal, você é da OAB e já deu para notar que é um colega batalhador. Quando eles vieram ao Brasil, por meio do meu pai, fui a São Paulo junto com meu pai para conversarmos.

Depois de duas horas de conversa, eles me fizeram uma proposta.

— Eles quem?

— O George e o Jim.

— E qual foi?

Naquele momento, a dra. Raquel respirou fundo, tomou um gole grande da sua água. Parecia que iria confessar ou confidenciar um grande segredo.

— Eles me convidaram para ser o elo entre os clientes.

— Como assim?

— Você sabe que morreram 199 vítimas que estavam dentro do avião. Então, na verdade, eles chamam de assentos. Temos 199 assentos para buscar para nós. Ou seja, tem 199 indenizações para nós. Estão esperando!

— Nossa! – exclamei, imaginando a grandiosidade do que estava sendo contado para mim.

— Pois é, então combinamos que eu abordaria essas famílias das vítimas para trazê-las para a nossa ação de indenização nos Estados Unidos.

— E como está funcionando isso?

— Calma! Vou te contar. Já consegui treze famílias. Funciona assim: eu dou os nomes à Silvia ou, às vezes, eu mesma consigo, e ela obtém o telefone de algum familiar; aí eu ligo e começo a oferecer o serviço. A conversa é um pouco demorada, mas, logo em seguida, marco um encontro com a família. Isso é muito importante. Não dá para ficar muito no telefone. É ligar uma vez e, no máximo, uma segunda vez, para marcar a viagem e ir falar pessoalmente com as pessoas. E não é fácil, não!

— Imagino – falei.

— Às vezes, eles nos "botam para correr" já durante o telefonema. *Bah*, já ouvi cada coisa! De urubu a "*fdp*" e outras coisas...

— E isso leva tempo e dinheiro, certo? – perguntei, atônito.

— Com certeza. Eu larguei tudo na vida. Tinha meu escritório em Santana do Livramento; tenho uma filha pequena e tudo o mais. Agora, passo 24 horas só neste trabalho. E sábado e domingo também! É claro que os norte-americanos pagam tudo: passagem aérea, hotel, despesas de alimentação e até conta de celular. Mas exigem também. Tem que trazer cliente ou assento, como eles falam.

Eu estava ouvindo aquele relato e estava petrificado! Aquela história penetrou em mim de uma forma... Tomei ar e indaguei:

— Você não faz mais nada? E seu escritório? Seus processos? Seus clientes?

— Sabe, Eduardo. Vou tirar o doutor, ok?

— Sim, claro, por favor.

— Eu não era a maior advogada de Livramento. Para dizer a verdade, estava vivendo um momento meio "brabo".

Ali, percebi que Raquel estava ficando com os olhos marejados e se emocionando, mas continuou:

— Eu me separei do pai da minha filha há quase dois anos. Minha filha tem um ano de idade. E você sabe... Aliás, não sei se você tem filhos...

— Tenho, de um casamento desfeito. Também sou separado – respondi.

Quando falei isso, Raquel me observou de outro modo. Parecia mais ainda inclinada a falar sobre si.

— Então, você sabe. É duro, meu Deus! Crio sozinha a minha filha. Quer dizer, conto com a ajuda dos meus pais. Nossa, se não fossem eles, não sei o que faria... E aí, estando mal emocionalmente, a vida profissional acaba sendo afetada. Ao menos comigo, é claro.

— Sei como é – falei, tentando ser o mais solidário possível com Raquel; fiquei com pena dela.

— E aí veio essa possibilidade dos norte-americanos, e pensei: por que não? O que tenho a perder? Meus pais apoiam; e principalmente meu pai está me incentivando muito nisso, sabe? Até traçamos uma meta: alcançar um milhão de dólares para nós!

— Um milhão de dólares de honorários?

— Sim, por que não? Aí, sabe o que quero fazer?

— Não imagino – falei, já divagando sobre o que poderia dizer a Raquel.

— Vou para o México, com minha filha. Quero recomeçar minha vida!

— México? E por que lá?

— Olha, sempre tive atração por esse país.

Em seguida, ela me convidou para tomar um café ou uma água. Ela solicitou ao garçom para me servir e pediu-me licença para telefonar. Enquanto eu me afundava na cadeira em pensamentos, veio o garçom com uma água com gás e uma xícara de café, tudo servido em uma bandeja de prata, chiquérrimo.

Confesso que aquele "papo" havia me calado profundamente. Tinha um *glamour* aquilo tudo, sem dúvida. Mas senti que havia algo a mais no ar...

Retornei o foco ao caso do André e decidi me aprofundar naquela possibilidade de ação nos Estados Unidos. Foi quando Raquel, após uns vinte minutos, retornou à sala de reuniões e foi logo indagando:

— E aí, dr. Eduardo, vamos fechar, então?

— Olha, dra. Raquel, eu gostaria de conhecer os norte-americanos. Se é como você disse, eles estão aqui no hotel, não é?

— Estão, sim. Estão em outra reunião. Mas espere aí que vou lá ver com eles. Quando você pode? Pode ser amanhã?

— Pode, sim – respondi sem pensar.

— Já volto.

E Raquel saiu da sala novamente. Ela era realmente uma mulher bem enérgica, por vezes, tinha até uma postura masculina. Eu gostei dela. Pareceu verdadeira no que falou e se expressou. Permaneci ali, perdido em conjecturas e imaginando em que diabos de situação eu estava me metendo.

Naquele momento, Raquel abriu a porta da sala e já em voz alta exclamou:

— Reunião marcada para amanhã às dezessete horas. Aqui mesmo, neste andar do hotel, ok?

— Ok – falei olhando bem dentro dos olhos dela.

— E fique por aqui. Venha comer algo do *buffet*.

Saímos da sala e eu fiquei petiscando alguns salgadinhos e tomando suco de uva. Raquel me acompanhou. Vi quatro salas de reuniões que me pareceram estar ocupadas. No centro do salão do andar, havia dois sofás e poltronas de couro, além de cadeiras de boa qualidade encostadas na parede. Reparei que, naquele ambiente de aproximadamente cem metros, havia uma movimentação de umas trinta pessoas que esperavam algo.

Algumas pessoas pareciam familiares de vítimas, visto que eu ouvira a história da Raquel e já passei a imaginar. Notei também uns três homens que tenho certeza de que eram advogados, assim como eu.

Alguns poucos minutos depois, Raquel pediu-me licença novamente e foi atender duas mulheres (com cerca de quarenta anos cada) junto a um adolescente. Todos ingressaram na sala em que eu estava antes.

CAPÍTULO 3

OS NORTE-AMERICANOS

RESSALTO QUE NÃO sou muito bom de "cama". Quero dizer, "de sono". Naquela noite então... Saí do Sheraton inundado de dúvidas e de expectativas. Tudo o que ouvi de Raquel ecoava para mim. Parecia ser um legítimo filme. O quê? Eu vou trabalhar com os advogados estadunidenses cujo escritório integrou um filme com a Julia Roberts? E mais, que venceu o Oscar! Era inacreditável!

E essa dra. Raquel?! Um tanto misteriosa. Não era advogada assídua. E tudo aquilo montado no hotel... Nunca tinha ouvido falar de coisas parecidas.

Mas, ao mesmo tempo em que pensava com receio disso tudo, confesso que me sentia instigado. Tinha um certo tom de novidade, de excentricidade, de singularidade que me atraía. Sabia que o passo decisivo seria amanhã, quando conhecesse os estadunidenses, Jim e George. Mal podia esperar.

E o dia passou de modo que eu queria que chegasse logo as dezessete horas para eu conhecê-los pessoalmente. E quando foram quatro e meia da tarde, saí do meu escritório, dando adeus ao Tarcísio e à Marlene. Falei que sairia mais cedo. Não contei nada a eles. Aquilo era tão único que eu não tive convicção de contar para ninguém.

Cheguei ao terceiro andar do Hotel Sheraton e entrei no saguão pontualmente, às dezessete horas. Na recepção, havia uma moça morena, de cabelos longos e muito bonita. Dei o meu nome e ela me acomodou em um daqueles sofás do centro do salão. Quando olhei para a direção do *buffet*, lá estava ele com dezenas de comidas e bebidas. Pensei: "De novo. Esses norte-americanos estão podendo".

Havia outras pessoas também esperando. Vi casais de jovens e velhos, e uma senhora de cerca de quarenta anos junto com uma menina que aparentava ter uns dez anos de idade e que deveria ser a filha dela. A senhora estava com a fisionomia de quem não dormia há muitas noites; tinha olheiras fundas, cabelo um tanto desalinhado, embora preso. Era visível que estava passando por um momento difícil. E a menina estava quieta, olhando uma revista com olhar perdido. "Coitadas", pensei. "Quem será que eles perderam? O pai da menina e esposo da mulher? É provável."

Observando melhor as outras pessoas que estavam ali, todas pareciam abatidas, com semblante de preocupação, de tristeza. E eram cerca de vinte pessoas esperando. O ambiente era pesado. Nossa!

Tentei parar de mirar meus companheiros de espera para não os constranger. Estavam sofrendo aqueles homens, mulheres, adolescentes e mesmo as duas crianças que estavam ali.

Levantei-me e fui pegar um cafezinho e um pão de queijo no *buffet*. Preferi ficar de pé, em frente da mesa. A distância, naquele momento, me pareceu mais conveniente.

No momento em que eu me preparava para pegar mais um café, Raquel surgiu na minha frente e logo foi falando em um tom de voz que achei excessivamente alto:

— Vamos lá, dr. Eduardo, o Jim e o George estão lhe esperando. Deixe que mando servir outro café na sala de reuniões.

Um tanto vacilante, pousei a xícara em uma mesa auxiliar ao *buffet* e me dirigi para a sala. Sem antes espreitar, com o canto do olho, as pessoas que estavam aguardando comigo. Vi que várias dirigiram o olhar para mim, o que me incomodou um pouco.

— *Good afternoon*, Mr. Barbosa – cumprimentou-me um homem calvo, de bigode, de uns 55 anos, imaginei.

Logo percebi que seu terno era de primeira linha. Provavelmente, um Armani® ou Hugo Boss®, de cor azul-marinho. A gravata era muito chique, em tons de vinho-tinto. Seguramente, era de grife e cara – a minha experiência na loja de meu pai permitiu que eu tivesse um tino para roupas. Também quando estendeu a sua mão para me cumprimentar, logo percebi que seu relógio era um Rolex® de ouro.

— *Hello!* – respondi com uma voz de quem tem um inglês vacilante e cumprimentei-o.

Em seguida, veio na minha direção um outro senhor, baixo, barrigudo, de cabelos brancos, vestido com um casaco preto e uma calça cinza, camisa branca e gravata esverdeada.

— *How do you do*, Mr. Barbosa? – era Jim Vititoe, sócio e dono do escritório Masry & Vititoe.

— *Fine. Thanks. And you?*

"Ai, meu Deus", pensei. "Será que estou dizendo certo? Por que não me dediquei mais ao *English*?" E, tremendo, estendi minha mão para o Jim. Pensei: "Como vou fazer agora? Como vou me fazer entender? Que vergonha..."

Até que Raquel me apresentou:

— Este é o Wilson, nosso tradutor e intérprete. Ele é o responsável para nos fazer entender.

Logo fui cumprimentar o Wilson. Quase o beijei. Minha salvação!

Sentamos a uma mesa redonda que ficava em uma sala de reuniões muito bonita do hotel. Logo, Raquel deu a palavra para George, que a assumiu de forma muito tranquila.

(Friso que estou escrevendo estas linhas dentro do voo da TAM 3836, que saiu de Porto Alegre com direção a São Paulo/Congonhas, em uma segunda-feira, dia 23 de maio de 2016, às 12h05, na última poltrona do avião, poltrona 29C. Aliás, muito deste livro foi escrito durante os voos que faço por conta da minha profissão.)

Os acontecimentos a seguir serão relatados em português a fim de facilitar tanto para o leitor como, principalmente, para mim.

— Bem, dr. Barbosa, estamos juntos neste projeto: eu, como estrategista; o escritório Masry & Vititoe, que fica em Los Angeles, como escritório captador de clientes; e o Podhurst Orseck, que fica em Miami, como executor da ação propriamente dita.

Eu ouvia com muita atenção aquelas palavras que foram colocadas de forma muito equilibrada e que passavam uma segurança muito forte.

— Atuamos em todo o mundo. Onde existem acidentes aéreos, nossa equipe está presente. Veja o *folder* dos nossos casos.

Ele me passou um *folder* que continha várias fotos de aviões em tamanho pequeno, com um texto curto que dizia embaixo a data do acidente e o local. Deveria ter uns trinta casos. E prosseguiu:

— Trabalhamos sempre a favor das famílias vítimas dos acidentes aéreos. Temos um *know-how* inigualável. Nenhum outro escritório possui os casos de sucesso que temos. Nosso objetivo é o acordo! Sempre chegamos a um valor superinteressante para as famílias, em um prazo curto ou razoável de tempo. E quero lhe informar algo que talvez o senhor não saiba [neste momento, ele pede para a Raquel entregar a mim um outro *folder*]: o escritório Masry & Vititoe, que é o escritório do Jim, meu sócio neste projeto, foi o escritório que patrocinou a maior indenização da história dos Estados Unidos.

O *folder* do escritório era belíssimo. Na capa, havia a foto de uma mansão com colunas gregas na entrada e uma imensa casa com vidros escuros no fundo. A paisagem tinha um ar majestoso, imperial.

O logo do escritório estava em cima: Masry & Vititoe. Passava uma imagem de grandeza, com uma flagrante intenção de ostentação. No interior desse *folder*, havia a foto da atriz Julia Roberts, com uma reprodução do cartaz e a história resumida do filme. Ao lado, estavam as fotos do Jim e do outro sócio, Ed, já falecido, como eu vim a saber depois. Também continha outras informações em inglês e, na contracapa, mais fotos de aviões com o texto da data e local do acidente, conforme constavam no *folder* avulso.

E prosseguiu George:

— Este caso da contaminação da água ocorrido em Hinkley, na Califórnia, em que o escritório Masry & Vititoe patrocinou a causa em favor de 634 famílias contra uma megaempresa, a Pacific Gas Eletric, obteve a maior indenização até então, que foi de 333 *milhões de dólares*. E este caso foi retratado no cinema, em 2000, pela atriz Julia Roberts, tendo ela recebido pelo papel o Oscar de melhor atriz, em 2001.

Eu já estava extasiado. Devo confessar. Só pude pronunciar no meu inglês meia-boca:

— *Beautiful!*

Continuou George:

— E agora, para este caso daqui, inicialmente nós nos estabelecemos em São Paulo, com a dra. Raquel angariando os casos. E também temos outro escritório de São Paulo, que começou a trabalhar conosco agora.

— Ah é? – perguntei olhando para o tradutor Wilson.

Mas não precisou de tradução isto, é claro.

— Sim, Raquel trabalha com o pai dela. E já não está dando conta de tanto trabalho.

E mirou Raquel, que estava ao meu lado. Ela meneou a cabeça, em afirmativa, mas não parecia muito satisfeita com essa afirmação de George. Foi então que Jim se manifestou:

— E você, Eduardo, conte-nos mais sobre você – Wilson traduziu para mim.

Eu já estava com o copo de água com gás na mão quando Wilson finalizou. Não sei por que, mas, naquele momento, me deu vontade de acender um cigarro e dar uma bela tragada. Eu tinha largado o cigarro em 2001 e poucas vezes havia me dado uma vontade daquela. Acho que foi quando senti, pela primeira vez, a falta de um companheiro de trabalho.

— Bem, vou contar a minha história, de forma breve. Tenho um escritório de advocacia aqui em Porto Alegre. Atuo em causas cíveis e, principalmente, no Direito de Família. Permitam-me mostrar meu *folder* também. É claro que não tem a Julia Roberts.

E todos riram.

O *folder* era bem bacana. Todo em azul-marinho com letras brancas. Tinha tamanho A4. Com capa, uma página à esquerda, outra à direita e contracapa. Continha a parte institucional, a relação de clientes e os conteúdos das áreas de atuação do escritório. Não havia dúvidas de que o *folder* demonstrava organização e responsabilidade.

Continuei:

— Também sou Conselheiro da OAB do Rio Grande do Sul, eleito no início deste ano.

Falei também das áreas de atuação, de meus objetivos e de toda a minha atenção com meus clientes, salientando que enviava relatórios mensais para eles do andamento dos seus processos.

Foi aí que George interrompeu.

— E o seu cliente André Lima. Como você chegou à família?

— A irmã de André, Renata, era uma cliente minha. Depois que resolvi o caso particular dela, fui convidado a conhecer seus pais e acabei contratado por eles.

E Raquel indagou:

— Mas tem a viúva de André, não é? Ela é sua cliente?

— Não. Ela não é.

Wilson correu para traduzir para os estadunidenses a pergunta de Raquel e a minha resposta.

Raquel perguntou:

— Qual o nome dela?

— Carla, respondi.

Raquel ficou anotando isso. Não gostei daquela atitude.

George retomou:

— Soube que ele era um alto executivo de uma grande empresa.

Visivelmente, George e Jim estavam bem interessados naquele meu caso. Era fácil de ver nos seus olhares.

Tomei um ar e respondi:

— André trabalhava como executivo de uma das maiores empresas do Brasil: a Winsley, que atua no setor de aço, basicamente, e tem outras ramificações no mundo inteiro. Era um funcionário que fez carreira. Começou garoto na empresa e foi galgando postos. Tudo devido à sua eficiência.

Quando eu terminei de falar a última palavra (eficiência), Wilson interveio rapidamente, interrompendo-me e fazendo a tradução. Mal sabia ele como isso me ajudava, pois dava tempo para eu pensar no próximo trecho da minha fala.

Eu estava bem atento ao que iria falar, pois tinha plena consciência de que estava diante de pessoas de um nível bem elevado. Wilson encerrou e me mirou, fazendo sinal com a cabeça para eu continuar.

— A empresa está presente em vários países do mundo.

E, então, continuei fazendo uma rápida digressão sobre o histórico da empresa. Achei que tinha agradado.

Jim Vititoe me perguntou:

— E quanto ganhava André?

Respondi:

— Vinte mil reais. Fora os benefícios. E, é claro, tenho todos os comprovantes pertinentes.

Wilson traduziu e Jim logo interrompeu.

— *Very good!*

George continuou:

— Você acha que pode abordar a viúva para trazer para você ou para nós?

Ele deu uma breve risada... Pareceu que queria me conquistar.

— Bem, eu tenho os pais e a irmã. Por que não a esposa? Tenho que ir atrás. Vontade e determinação não me faltam!

Esta última frase saiu sem pensar. Mas falei com firmeza e com muita vontade.

– Ok! – respondeu George, acenando positivamente a cabeça em minha direção.

Percebi que tinham gostado de mim. E eu, deles!

Raquel, então, falou:

— Com relação aos honorários, vou lhe passar.

Respondi:

— Eu já ia perguntar – e pisquei o olho para Jim e George.

Eles também sorriram e devolveram a piscada.

E Raquel continuou:

— Dr. Eduardo, os honorários são de X% sobre o valor da indenização. E você fica com Y% dos X%.

(Por questões de ética profissional, não posso revelar o percentual de honorários.)

Eu estava matutando quando Raquel continuou:

— Seu trabalho é trazer o cliente para nós e permanecer prestando suporte ao cliente, é claro. O resto é por nossa conta.

Respondi:

— Hum...

Não sabia o que dizer e George interveio:

— E toda despesa que você tiver será bancada por nós.

Respondi:

— Tenho que pensar, senhores.

Foi quando Jim afirmou:

— Ficaríamos muito orgulhosos por contar com você, dr. Eduardo Barbosa.

George socorreu:

— Seria um grande prazer trabalhar ao seu lado, dr. Barbosa. Pense bem e venha integrar o nosso time.

Estávamos todos nos levantando para as despedidas quando Raquel indagou:

— Até amanhã você nos dá uma resposta, dr. Eduardo?

Fiquei surpreso, mas respondi sem titubear.

— Já amanhã? Tenho que pensar.

Raquel interrompeu:

— Eu ligo para você no fim da tarde de amanhã, ok? Assim, conversamos mais um pouco.

Respondi:

— Combinado.

E já de pé, fui me despedindo. Primeiro de George, que me deu um abraço fraternal. Depois, Jim cumprimentou-me entusiasticamente e falou:

— Quero você ao nosso lado.

— Ok – respondi.

Saindo da sala, fiquei um pouco perdido. Não sabia se já me dirigia à porta de saída ou ficava naquele espaço tão confortável e agradável. Resolvi que ia me deslocar para um dos lados, ficar em pé e ligar do celular para meu escritório.

Foi o que fiz. Marlene atendeu e me passou os recados. Perguntei se estava tudo bem e dei um "até amanhã". Minha mente, contudo, estava toda dentro do que havia sido dito na reunião. A verdade é que eu estava em transe, nem sabia bem o que pensar a respeito de tudo. Era muita novidade!

Fiquei ali por quase mais uma hora, pensando, sentado no sofá do centro do salão, ao lado de outras pessoas que estavam aguardando para serem atendidas.

Percebi que, daqueles que estavam comigo antes de eu ingressar na reunião, ainda restavam umas quatro pessoas. Fui observar melhor e vi que eram membros de uma mesma família.

Também percebi que, depois do meu atendimento, Raquel começou a chamar as pessoas. E ainda estavam na mesma sala George e Jim.

Mais tarde, Jim saiu e pareceu se retirar do salão. "Deve ter ido para seu quarto", pensei. Mas, na sala de reunião, ainda estavam Raquel, George e Wilson.

Então, decidi me retirar do recinto, ainda mergulhado naqueles pensamentos. Já eram já quase oito horas da noite de uma quarta-feira de agosto.

Enquanto dirigia e mesmo depois de chegar em casa, eu me sentia "pilhado" com o assunto dos estadunidenses. Mas também me sentia muito sozinho. Meu Deus! Não acredito que não tenho ninguém para dividir esta decisão comigo!

Resolvi ir a um bar perto da minha casa e beber uma cerveja para ver se algo de luminoso apareceria. Depois de umas três garrafas, fui para casa a fim de descansar.

CAPÍTULO 4

UM BRINDE

ACORDEI POR VOLTA de sete e meia e, como de hábito, comi um mamão, bebi um café e comi um sanduíche de queijo. Para um homem solteiro que morava sozinho, eu até que me virava razoavelmente.

Fui para o escritório. Cheguei e já fui fazer umas petições e debater um caso com o Tarcísio. Era agradável chegar cedo ao escritório. Entrava, cumprimentava Marlene e Tarcísio e ia para a minha sala que ficava ao final do corredor.

Meu escritório era todo na cor branca, com piso de porcelanato e bem decorado. Para quem entrava, tinha uma porta à esquerda, que era a sala de reuniões; à direita, ficavam as salas dos advogados e a secretaria.

Eu sentava na minha cadeira e já vinha Marlene com um café saindo fumaça (e que cheiro maravilhoso de café passado!) e mais um copo de água mineral com gás.

E assim foi aquela manhã. Ao meio-dia e trinta, mais ou menos, saí para almoçar. Eu acabei indo almoçar com o Tarcísio, como muitas vezes fazíamos juntos.

Quando retornava, gostava de descansar em um sofá de couro preto que tinha na minha sala. Era de dois lugares. Não muito comprido, mas bem confortável, pois afundava meu corpo no couro das almofadas. Ainda colocava uma almofada em cima dos olhos para tapar a claridade, que eu não suportava. Ficava ali por quinze ou vinte minutos, mas fazia diferença para enfrentar a realidade da tarde que se aproximava.

Daquela vez, no entanto, não chegou a vinte minutos para Marlene bater na porta da sala e, sem ouvir uma resposta, interromper minha rica e curta sesta.

— Dr. Eduardo, é a dra. Raquel quem quer falar.

Mirei Marlene com olhar de desaprovação. Foi quando ela rapidamente respondeu:

— Ela disse que é importante e está na linha. Posso passar?

— Já que é assim, passe – respondi, levantando-me do sofá para pegar o telefone sem fio que estava ao lado do computador.

— Tudo bem, dra. Raquel? Falei meio sem força.

— Bem, dr. Eduardo. Desculpe se interrompo seu pós-almoço, mas gostaríamos de falar com o senhor, ainda hoje, se possível.

– Veja, dra. Raquel, se é para saber da minha resposta, ainda não tomei nenhuma decisão. Estou pensando e...

Raquel não deixou eu finalizar a frase:

— Sei que está no seu prazo, dr. Eduardo, mas venha conversar conosco novamente hoje. Temos novidades. Vai gostar! Tenho certeza!

Quase morri de curiosidade. Não me contive.

— Mas, o que seria?

— Venha e verá, dr. Eduardo. Eu o espero às dezoito e trinta, no bar do Sheraton. Você sabe onde é, não sabe? Na entrada do hotel, ao lado esquerdo.

— Vou ver.

De novo, Raquel não deixou que eu encerrasse a frase.

— Que nada. Nós te esperamos às dezoito e trinta. Tchau, querido.

Não tive como falar mais nada. É claro que fiquei imaginando o que será que queriam comigo... Já havíamos conversado durante uma hora no dia anterior e não havia vencido meu prazo de resposta. Bom, restava esperar as dezoito e trinta chegarem.

Às dezoito horas, peguei meu carro e fui para o hotel. Era ruim de estacionar por lá, para não dizer impossível, ainda mais naquele horário de fim de tarde. Acabei deixando o carro com o manobrista do hotel, já ansioso para me encontrar com todos.

Quando cheguei ao bar do hotel, que também era restaurante, lá estavam Raquel, Jim, George e Wilson. Levantaram-se para me cumprimentar de forma fervorosa. Estranhei um pouco e fui mais comedido na resposta.

Quando Raquel me perguntou se eu aceitava beber uma champanhe, quase perguntei qual o motivo da comemoração. Lógico, não disse isso. Seria uma falta de educação.

Falei, então:

— Bom, como estão todos de taça na mão, não serei eu a contrariar.

— Aqui está – disse Raquel, estendendo uma taça para mim.

Eu peguei a taça, o garçom se aproximou e me serviu da garrafa de champanhe que estava no balde. Mirei o rótulo. Tratava-se de uma champanhe francesa, e das caras: Dom Pérignon.

É, eu estava tomando uma champanhe francesa com advogados famosos estadunidenses. Ah, e eles pagando!

Raquel também me ofereceu bolachas pequenas e quadradas de caviar preto. Depois de alguns comentários sobre o trabalho, a cidade e o hotel, veio o assunto central da reunião.

George tomou a palavra e foi bastante direto:

— Sabe, Eduardo, – já querendo ser mais íntimo – estivemos em reunião eu, Jim e nossos colegas do escritório de Miami, o Podhurst, e decidimos lhe fazer um convite.

Wilson traduziu e eu somente balbuciei que sim.

George continuou:

— Analisamos você e verificamos que nosso projeto necessita de alguém, ou melhor, de um advogado com base aqui em Porto Alegre que pudesse estar conosco.

Wilson traduziu. Eu somente ouvia, bebia e fazia sinal positivo com a cabeça.

Ele prosseguiu:

— Então, analisando todo o conjunto que pretendemos evoluir com o nosso objetivo neste caso, que é obter o maior número possível de assentos para colocar na ação que será ingressada nos Estados Unidos, todos nós concordamos em lhe fazer um convite para integrar nosso time de forma completa.

Wilson ia traduzindo, e eu cada vez mais ia me surpreendendo com o que saia da boca de George.

E ele continuou:

— Queremos que você largue seu escritório, largue seu dia a dia e venha trabalhar *full-time* neste caso. Não sei se você sabe, mas faleceram 187 pessoas dentro do avião e doze em solo. Boa parte dessas pessoas tem seus familiares entre o estado do Rio Grande do Sul e o de São Paulo. Mas, é claro, há familiares de vítimas espalhados praticamente por todo o Brasil; temos isso mapeado. Raquel já fez muitos contatos e obteve vários clientes. Também está há mais de dois meses nisso. Há pouco mais de um mês, juntou-se a nós o escritório dos Kirs, que conseguiu uns contratos, mas poucos. Você tem muitos clientes para angariar. Pode estar certo disso! E, veja, vamos pagar tudo para você. Suas viagens serão todas por nossa conta. A passagem aérea, o hotel, a sua conta de celular – desde que usada para o trabalho conosco, é claro – sua alimentação, tudo! Você não vai gastar em nada neste trabalho! Temos nossa secretária administrativa, Silvia, que dará todo o suporte para você. Vou lhe passar o e-mail e o telefone dela; a Silvia marca a passagem, o hotel e pode agendar a reunião com a família para você, se achar conveniente. O que você gastar, e não puder ser antecipado, como o caso da conta do celular, envie para a Silvia e ela irá conferir e lhe ressarcir. Veja, Eduardo, é um trabalho grandioso! E mais, você estará ajudando essas famílias! O melhor caminho é entrar conosco. Veja, vou lhe explicar. Neste voo, havia um norte-americano, o Michael Green, que era diretor de um banco e morava em Miami. Então, vamos ingressar com ação de indenização em Miami e as famílias brasileiras se juntarão nesse processo.

Wilson traduziu e eu estava muito atento. Foi quando eu disse, após a tradução:

— Como um litisconsorte?

Raquel traduziu para George, que falava, e Jim, que escutava.

George prosseguiu:

— Esse processo vai ser julgado por um júri. Pessoas simples do povo, que se sensibilizam pela dor do ser humano, que vão se emocionar com a perda dessas famílias. E aí, Eduardo, a indenização será bem alta!

Eu estava admirado por tudo o que George contava. Ele era eloquente e transmitia muita certeza para quem lhe ouvia. E continuou:

— Mas eu tenho a convicção de que, muito antes de ir para júri, a seguradora da companhia aérea virá para um acordo. É claro que isso envolverá muitas rodadas de negociação. Propostas de um lado, contrapropostas de outro. Mas, ao final, tenho certeza de que conseguiremos um bom valor para essas famílias que estão tão fragilizadas.

Eu estava ouvindo a tradução do Wilson e me sentia completamente absorvido por essa estratégia de processo nos Estados Unidos.

Foi quando Jim falou:

— Todos os nossos casos acabam em acordo. E um bom acordo. Temos inúmeros casos de sucesso para lhe passar. Alguns estão no *folder* que você tem. Acredite: é o melhor caminho.

E Raquel interveio:

— Mais do que ninguém, você sabe, Eduardo, quanto tempo leva um processo no Brasil.

Fui obrigado a concordar afirmativamente com a cabeça.

Raquel continuou:

— Um processo como esse vai levar quantos anos? Cinco, oito, quem sabe até dez anos! Você sabe que falo a verdade! Você está no dia a dia.

Só pude responder o seguinte:

— Eu sei. É a mais pura e triste realidade!

E aí George voltou:

— Gostamos de você, Eduardo. Achamos que você tem o perfil que falta para fechar nosso time de advogados brasileiros. Você irá somar à Raquel e aos irmãos Kirs.

Wilson traduziu. Aquilo caiu como uma bomba em mim. Estava quieto, mas naquele momento falei:

— Veja, George. Fico lisonjeado com o convite, mas tenho meus clientes. Tenho meus processos para cuidar. Meu escritório não é grande, mas tem gente trabalhando para mim. Como irei tocar minha vida? Pagar minhas contas?

Foi quando Jim me fitou bem fundo. Parecia que iria invadir meus olhos e minha mente, e comentou:

— Eduardo, estou nisso há muito tempo. E o caso da Erin me fez entender bastante do ser humano. Aprendi a ter olho clínico para os casos bons e também para os profissionais de qualidade. Não quero me enganar com você, Barbosa. Você pode progredir neste ramo do Direito. Aproveite esta chance para começar! Não perca!

Wilson demorou um pouco mais para traduzir. Mas eu havia entendido a deferência que Jim tinha feito a mim. Eu estava honrado com as palavras dele. Ele havia tocado na minha alma!

Ali, naquele momento, eu decidi: vou me dedicar e me entregar a este trabalho! Mas, fiquei imerso nos meus pensamentos depois que Wilson traduziu.

George colocou:

— Estamos fechados, dr. Eduardo?

Confesso que não tive forças para dizer não. Nem para dizer: vou pensar. De forma intensa, com um friozinho na barriga, olhei de forma firme para Jim e afirmei:

— Acho que sim!

George mandou que o garçom servisse mais uma taça de Dom Pérignon, a todos, Raquel, Wilson, Jim e eu. Quando todos estavam com suas taças cheias, George se levantou, ergueu a mão com a taça e vociferou:

— Um brinde ao mais novo sócio, Eduardo Barbosa!

E todos tocaram suas taças e brindaram. Aquele champanhe me desceu pela garganta como se fosse um néctar dos deuses! Parecia que eu estava entrando no paraíso. E que, a partir dali, tudo seria uma vida nova e próspera! De certa forma, o futuro confirmou essa sensação!

Ficamos no bar até quase uma hora da manhã. Estava encantado com as amizades novas ou a sociedade nova, e tudo o que estava vindo junto. Quando me despedi, Raquel me falou:

— O George e o Jim querem você amanhã aqui, às seis da tarde, para assinar o contrato e combinar as coisas.

Eu me despedi e fui para casa animado. Parecia que a vida estava finalmente sorrindo para mim.

O dia seguinte era sexta-feira. Fui cedo para o escritório. Eu estava muito bem disposto. Logo Marlene percebeu e beliscou:

— Que bicho o mordeu, doutor? Levantou algum alvará ontem e não comentou com a gente? – e deu aquela sonora gargalhada que lhe era peculiar.

Marlene era uma moça jovem, com seus 25 anos. Era de origem humilde, muito esforçada e tinha um ótimo humor. Eu valorizava isso nela. O ambiente ficava leve com a presença dela. Seu sorriso e sua gargalhada quebravam o estereotipado ambiente de escritório de advocacia, onde todos estão sempre sérios.

Já Tarcísio era um advogado de 33 anos. Havia sido indicado por uma amiga. Estava comigo há dois anos e meio. Era voltado para a política. Talvez em excesso, na minha opinião. Mas me ajudava e também precisava daquele emprego, pois tinha um filho recém-nascido.

Naquela manhã de sexta-feira, resolvi contar tudo o que estava acontecendo. Percebi que os dois estavam impressionados com a história. A primeira pergunta veio de Marlene:

— O senhor fala inglês?

— Não muito, Marlene.

Naquele momento, me veio um filme na cabeça, em que apareciam as minhas dificuldades de me comunicar com o Jim e o George. É claro que sempre tinha o Wilson. Mas, e depois, como faria? Seria refém de Wilson? E se fizesse um intensivo de inglês? Um curso de imersão, 24 horas estudando. Não, definitivamente isso era inviável.

Fiquei um pouco desatento ao que falaram depois da observação de Marlene. Foi quando Tarcísio comentou:

— Eduardo, pelo que você comentou, irá viajar muito. Duas questões.

Tarcísio gostava de falar com entonação de discurso. Naquele momento, parecia que estava incorporado em um político em um discurso de posse:

— Você irá viajar direto à caça de clientes. E você irá sozinho? O escritório não pode ficar sozinho.

Tarcísio dava a clara demonstração de que não tinha nenhuma intenção de me acompanhar. E diga-se que, em nenhum momento, eu pensei em convidá-lo.

Respondi:

— Sim, Tarcísio, irei sozinho. Você ficará cuidando do escritório. Assim espero, certo?

Fitei Tarcísio com um olhar questionador e incisivo.

Ele me respondeu:

— Com certeza, Eduardo.

A segunda indagação de Tarcísio me fez pensar fundo. Viajar sozinho à caça de clientes? Eu me lembrei de que Raquel estava com o pai, embora eu não o tivesse visto ainda. E o outro escritório, Kirs, eram em três.

Finalizei a conversa sobre o assunto e retomei a rotina de trabalho no escritório. Na hora do almoço, fui sozinho. Sentei-me à mesa do restaurante perto do escritório e fiquei imaginando e pensando.

Por várias vezes, veio à minha mente a imagem de Vívian, a minha colega da pós-graduação da PUC-RS. Eu tinha aulas às sextas-feiras à tarde e à noite e aos sábados de manhã. Quando a vi pela primeira vez, sua beleza chamou minha atenção. Quando comecei a conversar com ela, percebi que era uma mulher bastante inteligente. Ela era alta, tinha cabelos castanho-claros, quase loiros, olhos pretos e amendoados e uma pele que parecia estar sempre bronzeada. E era encantadora por ser jovem, linda e proficiente, além de ter um bom papo.

Eu era um homem separado há seis anos. Meu filho, Gustavo, tinha oito anos de idade, e o relacionamento com minha ex-mulher não era muito bom, o que prejudicou a relação e o vínculo com meu filho.

Em razão disso tudo, eu estava um pouco afastado de envolvimentos amorosos sérios. Havia terminado um namoro há pouco e morava sozinho. Então, é claro que eu saía à noite e conhecia outras mulheres, mas eu estava focado no meu escritório e trabalhava muito, inclusive aos sábados e domingos. Aliás, vida de advogado, para quem não sabe, é de servidão integral ao Direito, em nome dos clientes, inclusive aos finais de semana ou fora do horário "comercial".

Pois bem, durante as aulas, eu procurava me sentar sempre ao lado de Vívian, afinal eu estava atraído por ela, embora talvez ela não soubesse realmente o quanto. Primeiro, veio o coleguismo e, daí, nossa amizade prosperou. Conversávamos no intervalo das aulas e, ao final da aula, comumente, eu a acompanhava até o seu carro. Eu estava deslumbrado por ela, não nego. Tornava-se cada vez mais difícil não querer estar perto dela.

Ela estava desempregada. Contou-me que trabalhou antes em um órgão estatal durante três anos. Percebi que ela estava querendo se encontrar na vida profissional. Em várias conversas, transpassou a ideia de querer ser advogada e, efetivamente, trabalhar na profissão.

E então me deu o estalo! Por que não levar Vívian à reunião de hoje, mais tarde, no Hotel Sheraton? Ora, posso convidá-la sem compromisso e ver como ela reage. E mais, ela falava e escrevia inglês fluentemente; concluíra o último estágio de um curso de inglês.

"Ótimo", pensei. "O que vai me custar? Bem... A aula de hoje começa às dezenove e trinta, e a reunião será às dezoito horas. Será que a convido pelo telefone?"

Resolvi parecer um louco e liguei para a Raquel, dizendo que eu poderia chegar à reunião somente às vinte horas. Ela me respondeu que não haveria problemas; disse que eles não tinham "hora", pois estavam morando no hotel naqueles dias e estavam sempre envolvidos em reuniões.

"Maravilha", pensei.

Quando cheguei à PUC-RS, perto das dezenove horas, logo fui aguardar a Vívian. Estava com os olhos mirando a entrada do prédio onde eram as nossas aulas. Finalmente, ela apareceu. Linda e bem vestida, como sempre.

Convidei-a para tomar um café e comecei a contar. Resolvi explicar tudo. Desde o começo. E falei da reunião que tinha naquela hora. E que precisava muito que ela me acompanhasse.

Ela relutou um pouco, até porque estava com seu carro no estacionamento e tudo o mais. Mas insisti e a convenci a deixar o carro no estacionamento. Depois da reunião, eu a deixaria em casa. No dia seguinte, tínhamos aula, eu a pegaria em casa e a levaria para a PUC-RS.

Depois das minhas argumentações, ela concordou em "matar" a aula e me acompanhar na reunião. Eu gostei muito e me senti mais confiante!

CAPÍTULO 5

PARCERIA

ENTREI NO HOTEL Sheraton, por volta das oito da noite, e fui direto para o bar-restaurante. Raquel havia me informado que seria lá a nossa reunião.

Estavam todos em uma mesa em um canto mais isolado da parte do restaurante. Lá estavam George, Jim, o fiel escudeiro Wilson, além de Raquel.

A mesa já tinha um balde de champanhe, com a cabeça da Dom Pérignon aparecendo, e mais alguns pratos de beliscos apetitosos.

Quando me aproximei com a Vívian, todos se levantaram. Era visível a surpresa de todos com a presença daquela mulher bonita. Os olhos do universo masculino brilhavam.

— Boa noite. Deixe-me apresentar a minha colega, dra. Vívian.

Jim saiu na frente para cumprimentá-la e disse:

— Muito prazer, dra. Vívian. Seja bem-vinda!

Na sequência, veio o George:

— É um prazer contar com uma integrante tão bonita em nossa equipe.

Naquele momento, Vívian olhou para mim com uma interrogação no olhar. Fingi que não era comigo. Imagino que ela deva ter pensado que havia comentado antes que ela trabalhava comigo.

Percebi que era essa a impressão inicial causada. E não fiquei nem um pouco incomodado com isso. Sempre afirmei que ao lado de mulher bonita nunca se perde.

Sentamos todos à mesa e logo a atenção estava voltada para mim e Vívian, é claro. Não demorou e já estavam conversando em inglês, Vívian, George e Jim.

A conversa fluía de forma natural. Vívian já havia ido a alguns lugares dos Estados Unidos, e era sobre isso que falavam. Sendo assim, acabei forçadamente a conversar com Raquel e Wilson. Este não estava atento a nenhuma tradução da conversa que era mantida entre Vívian e os estadunidenses. E estava certo, pois era um papo descontraído que não envolvia interesses profissionais.

O clima era muito interessante à mesa. Parecia haver um princípio de afeição entre todos, embora o pouco tempo de conhecimento que se tinha entre os presentes. Depois que todos fizeram seus pedidos para o jantar, George fitou-me e perguntou, de forma séria, contrastando com o que acontecia até aquele momento:

— Então, Eduardo, vamos assinar o contrato de sociedade entre nós?

Todos me dirigiram o olhar.

Eu respirei fundo, demorei um pouco para responder. Dei uma rápida virada de olhar para Vívian e respondi:

— George, Jim e colegas, estive pensando bastante sobre tudo o que conversamos nos últimos dias. E entendi que terei que largar o meu escritório para me dedicar a esse trabalho. Vou visitar essas famílias traumatizadas, vou me expor integral e fisicamente, e com meu nome. Vocês sabem que o nome da gente é o que se tem de mais valioso, ainda mais na advocacia aqui no Brasil. Eu conheci vocês agora. É claro que notei que são pessoas honestas, corretas. Mas, vejam, a ação vai se desenrolar nos Estados Unidos, em Miami. E lá, no local, eu não conheço a estrutura de vocês. Nem mesmo os escritórios que vão tocar o processo. Como vocês falaram, tem os escritórios de Los Angeles e de Miami. Vou representar vocês aqui no Brasil e sequer conheço os escritórios sócios.

Foi quando Jim e George, que prestavam bastante atenção na minha fala, se olharam.

Continuei:

— Então, para me sentir mais tranquilo e confiante na nossa sociedade, entendo que, antes de começar, gostaria de ir visitar seus escritórios nos Estados Unidos.

Todos que estavam ali desviaram o olhar de mim e viraram a cabeça para Jim e George. Wilson acabava de traduzir para os estadunidenses. Foi quando Jim cochichou no ouvido de George, e este último falou:

— Ok, Eduardo. Entendo a sua posição. Dê-me licença por alguns minutos, pois vou tratar disso agora mesmo, junto com o Jim. Vamos dar uns telefonemas e já voltamos.

Wilson traduziu. Vívian, que estava sentada ao meu lado, disse-me em tom mais baixo:

— Não sabia que você iria pedir isso...

Pensei, mas não disse que tal pensamento havia surgido naquele momento do jantar. Estava maturando a situação na minha cabeça. Nem respondi para a Vívian.

Foi Raquel que falou com tom admirador:

— Acho que você fez muito bem, Eduardo. Eu estou com eles há três meses e não pedi isso. Não sei como não me toquei!

E ficamos conversando e bebendo. Wilson também falou um pouco sobre ele. Contou que estava com os estadunidenses desde o começo, há três meses. Era de Porto Alegre, casado e pai de duas filhas.

Perguntei como ele havia os conhecido. Ele me respondeu:

— Vi um anúncio no jornal *Folha de S.Paulo* e enviei o meu currículo. Uma semana depois, o George veio a Porto Alegre e fez uma entrevista comigo. No mesmo dia, poucas horas depois da entrevista, eu já estava contratado e comecei a trabalhar imediatamente. Sabe, Eduardo, vi que esses norte-americanos são bem objetivos. Não perdem tempo. E acho que sua proposta será respondida daqui a pouco.

Comentei:

— Será tão rápido assim? E você, Wilson, está gostando de trabalhar para eles?

— Olha, Eduardo, vou ser sincero. Estou gostando bastante. É um trabalho envolvente. Já estive com mais de cinquenta famílias em reunião com o George presente. Às vezes, o Jim também está. E já ouvi cada história! Você não tem noção! Este trabalho mudou a minha vida. Ao perceber a dor dessas pessoas e o sofrimento pelo qual estão passando, tornei-me uma pessoa mais sensível. Passei a não reclamar mais da vida, como fazia antes. Aliás, falo isso bastante em casa.

Raquel, Vívian e eu estávamos superatentos às palavras de Wilson.

E perguntei:

— Você parece gostar dos norte-americanos, não é, Wilson?

— Ah, não vou mentir, Eduardo. Nesses três meses de convivência quase diária que tive com eles, posso dizer que são pessoas altamente comprometidas com a causa, além de muito corretas.

Essas palavras de Wilson caíram como uma onda de paz sobre mim! Eu me senti mais convicto do que estava fazendo depois do que ele disse.

Naquele momento, dois garçons se aproximavam da nossa mesa, trazendo os pratos do jantar. Foi aí que George e Jim retornaram. Eles se sentaram em seus lugares na mesa. Foi George quem falou, olhando fundo nos meus olhos:

— Tudo certo, Eduardo. Falei com os meus sócios agora em Miami, que é onde fica o escritório Podhurst, e com o Jim aqui. Como queremos você na nossa equipe, concordamos com sua ida para Miami e Los Angeles para conhecer os nossos escritórios.

Ouvi aquilo e parecia não acreditar. Eles haviam topado a minha proposta.

Respondi, tentando não mostrar muita surpresa:

— Que ótimo!

Os pratos estavam sendo colocados na frente de cada um da mesa. Eu havia pedido um salmão, assim como Vívian. Jim estava com um imenso prato de camarões com acompanhamentos. Para George, havia um prato de ostras gratinadas com limão. Raquel estava entretida com seu filé, assim como Wilson.

Começamos a dar as primeiras garfadas e dei uma olhada para Vívian para sentir o seu olhar. Ela estava bem entrosada. Agora, conversava com Raquel de forma animada. Vi que era assunto feminino e não quis me intrometer. Estava vendo a hora em que George ou Jim iriam retomar o assunto da viagem. Certamente, seria depois do jantar.

Não deu outra. Quando os garçons estavam retirando os pratos e Raquel e Vívian estavam olhando o cardápio da sobremesa, George retomou o assunto.

— Você irá na segunda-feira, Barbosa! A Silvia, nossa secretária que trata disso, já está ciente e irá te telefonar amanhã de manhã para combinar os horários, etc. Ok?

Wilson estava traduzindo, mas, antes do final, Vívian já me fitava com olhar de surpresa.

Foi quando falei:

— Mas, George, hoje é sexta-feira. Ou melhor, noite de sexta, quase sábado. Não consigo viajar na próxima segunda. Preciso me organizar...

George interrompeu:

— Está bem, você vai na terça-feira. Não podemos perder mais tempo. Você vai primeiro para Los Angeles e, depois, para Miami. De qualquer forma, a Silvia vai lhe ligar amanhã pela manhã para tirar as passagens e definir o hotel.

Senti que eu estava tratando com um homem muito profissional. Eu é quem deveria me adequar a essa nova realidade. Ali, percebi que minha vida estava mudando de rumo.

Naquele momento, Raquel pediu licença para se levantar e atender a uma ligação pelo celular. Vívian também fez menção de ir ao banheiro. Era o momento que eu aguardava para estar a sós com os estadunidenses.

Não perdi tempo e falei:

— Quero ir com minha colega, a dra. Vívian. Afinal, ela irá trabalhar comigo nos casos. Tem algum problema, George?

Olhei para George e Jim. Wilson traduziu e George respondeu:

— Sem problemas, Eduardo. Ela vai com você. Vou enviar um e-mail para a Silvia informando-a para providenciar duas passagens.

Achei também que era o momento de tocar em um assunto delicado, os honorários. E pedi mais um pouco de atenção:

— George, – comecei um tanto vacilante – tem mais um assunto nesse nosso começo de sociedade que acho que é preciso ser definido.

Wilson traduziu.

— É com relação aos honorários.

Vi que você falou em Y% dos X% que você cobra dos clientes, e queria reivindicar Z% para mim. Já vou largar meu escritório e me expor Brasil afora, acho mais justo ter ao menos Z% de honorários.

(Mais uma vez, não vou revelar o valor dos honorários, mesmo sendo em percentual, por uma questão de ética profissional.)

George me fitou com um olhar profundo, bem dentro dos meus olhos. Com muita seriedade e firmeza, disse uma frase que jamais esquecerei:

— Eduardo, nós, norte-americanos, só falamos uma vez sobre honorários. Você aproveita para falar disso hoje, pois não vamos mais tocar nesse assunto após esta noite. O que ficar definido entre mim e você será definitivo e inegociável.

Wilson traduziu.

Fiquei bem impressionado com aquelas palavras e respondi:

— Sim, George.

E ele retomou:

— Não posso pagar Z% para você, pois para os outros dois escritórios já pago Y%. E não teria argumentos para explicar a eles por que você ganha mais do que eles. Mais alguma coisa em relação a isso?

Fiquei meio sem ação e resumi:

— Entendo.

E George, já querendo finalizar:

— Estamos definidos? Esse assunto já faz parte do passado, ok?

Wilson traduziu e eu respondi, sem titubear:

— Sim, está certo.

A forma de pensar do George, em relação a honorários, está muito acertada. Adotei esse modo de proceder na minha vida profissional.

— Então, vamos colocar nossa mente, nossos pensamentos no trabalho. Vamos procurar as famílias. Lembrem-se: estamos ajudando essas famílias. A melhor solução para eles somos nós. A ação indenizatória nos Estados Unidos será a melhor alternativa para eles. Convençam-se disso para convencer os clientes!

Wilson traduziu. Comentei:

— É por isso que quero conhecer melhor vocês.

Wilson traduziu para George e Jim. Naquele momento, Jim, que estava mais de ouvinte, interveio:

— Que bom que está tudo claro e definido. Se você não resolve as questões de dinheiro, o resto do trabalho não anda tão bem. Que ótimo que ficou tudo resolvido.

Jim ergueu a sua taça de champanhe e falou:

— Feliz por vocês estarem conosco!

Wilson traduziu e todos brindamos. Eu estava contente.

Vívian retornou à mesa com a Raquel. Por alguns momentos, elas se encontraram na saída do banheiro e ficaram conversando. Quando as duas chegaram, Jim antecipou-se ao dizer:

— Vívian, prepare-se. Sua viagem para nos conhecer nos Estados Unidos será na próxima terça-feira. Prometo levar vocês para jantar. *Very nice!*

Wilson traduziu, embora, para ela, a tradução fosse dispensável. Para minha surpresa, Vívian não parecia chateada. Até sorriu e falou:

— Ah é?

Raquel foi um pouco lacônica na sua intervenção e falou:

— Que bom.

E finalizamos aquela noite após mais alguns papos agradáveis. Saímos da mesa do restaurante do hotel à uma e meia da manhã. Os estadunidenses subiram para seus quartos, assim como Raquel e Wilson.

Fui caminhando para o carro com Vívian. Estávamos alegres e entusiasmados. Eu, particularmente, estava muito animado. Afinal, minha proposta tinha sido aceita. Eu iria para os Estados Unidos conhecer os escritórios, meus sócios.

Eu não sabia como falar para a Vívian sobre o que havia acontecido até que, quando o manobrista veio me entregar a chave do carro, tirei o dinheiro para pagar e resolvi começar dizendo à Vívian:

— Sei que não lhe falei nada sobre a viagem ou trabalharmos juntos. Peço desculpas por isso. Mas acho que tem tudo a ver trabalharmos neste caso da TAM. Veja, é um caso internacional, atuaremos no exterior. É única essa situação! E não tenho outra pessoa com a sua qualificação.

Ela pensou e falou:

— Não fiquei brava por isso. Foi tudo natural. E você está confiando em mim também. Eu é que pergunto: como você sabe da minha capacidade se nunca trabalhou comigo? Sabe, Eduardo, eu não peticiono nem trabalho em processo faz muito tempo. Não vá esperando de mim uma advogada pronta, pois não sou.

Fiquei ainda mais fã de Vívian depois dessa. Sinal de honestidade e humildade, difícil hoje em dia.

Respondi:

— Sei que você não tem experiência no momento. Não esquente com isso. Mas você é inteligente, fala e escreve fluentemente inglês e vai me ajudar muito neste trabalho. E, claro, quero lhe pagar um percentual do que irei receber. O importante é: você aceita trabalhar comigo, então? Vamos viajar juntos na terça?

Quando perguntei isso, senti um frio na barriga que pensei que não fosse aguentar. Fitei Vívian profundamente com um olhar pedinte, eu creio.

Ela mexeu nos cabelos e ficou um pouco pensativa antes de me responder. Então, falou:

— Você, hein, Eduardo! Também me deixa sem saída. E se eu não for viajar com você?

Respondi em tom de desespero:

— Estarei morto! Por favor, Vívian, conto com você! Muitas vezes, você me falou durante os intervalos das aulas da faculdade que queria voltar a trabalhar na advocacia. Aí está a chance. Um caso internacional. Vai começar pelos Estados Unidos, em Los Angeles e Miami. O que quer mais? Não terá uma segunda chance! Você vai começar por cima e ganhar dinheiro.

Foi quando ela me fitou com um olhar novo. Eu ainda não tinha percebido esse olhar em Vívian.

Ela falou:

— Está bem, Eduardo, estou com você!

Só faltou eu soltar foguetes! Ao lado daquela mulher, ninguém podia comigo.

Entramos no carro, em direção à casa de Vívian. Deixei-a em sua casa. Despedi-me com um beijo no rosto e um abraço afetuoso.

Havia ganhado uma colega de trabalho e, quem sabe, uma namorada, muito linda e que iria viajar para o exterior comigo com tudo pago. Que conto de fadas eu estava vivendo!

Cheguei em casa e fui para a cama imaginando o que o futuro estava reservando para mim.

CAPÍTULO 6

ROTEIRO DA VIAGEM

NA MANHÃ DE sábado, logo que acordei, meu celular tocou. Era de um número desconhecido. Muitas vezes, eu não atendo, mas desta vez resolvi atender.

— Quem é? – indaguei.

— Aqui é a Silvia, sou a responsável pela parte administrativa do escritório Masry & Vititoe. Muito prazer, dr. Eduardo!

Era uma voz bem feminina. Passava serenidade e era simpática.

— Olá, Silvia – retruquei.

— Vamos marcar a viagem sua e de Vívian?

— Vamos, sim – respondi.

Silvia falava um bom português, ao que acrescentei:

— Pensei que você fosse norte-americana.

Ela respondeu prontamente:

— Sou brasileira, mas moro em Nova York há dez anos.

Depois que passei os meus dados e da Vívian, Silvia ficou de retornar ainda no sábado para fornecer todo o roteiro da viagem.

Tive a melhor das impressões de Silvia. Tanto no aspecto de eficiência quanto na afetividade. Era uma pessoa agradável, ainda que fosse uma primeira impressão.

Comecei a arrumar a mala, não sem antes ficar um bom tempo pensando em tudo o que estava acontecendo e no que estava por vir.

Resolvi ir para o escritório naquele sábado, logo depois do almoço, para dar uma última olhada em tudo o que estava deixando nas mãos de Tarcísio e

Marlene. Eu confiava neles, mas não podia deixar de me preocupar com a minha ausência prolongada.

Eram três e meia da tarde, quando meu celular tocou. Olhei para o visor e vi um número desconhecido. Pensei em Silvia e não deu outra. Era ela, com sua voz amistosa, mas firme:

— Boa tarde, dr. Eduardo, tudo bem?

— Olá, Silvia. Bem, e você?

— Fiquei até agora há pouco fechando sua viagem. Não foi fácil em cima da hora.

— Imagino – respondi.

— Mas consegui um roteiro bem prático para você e para a dra. Vívian.

— Ah, é? Pode deixar o doutor de lado, Silvia. Só Eduardo está ótimo. E para a Vívian também.

— Ok. Bem, vou passar as informações por e-mail, mas, se já quiser saber, posso informar.

— Pode me passar, por favor.

— Você vai sair de Porto Alegre na segunda-feira, dia 05, às onze horas. Fará uma conexão em São Paulo e, às dezesseis horas, vai direto para Los Angeles. Chegam na madrugada da terça, dia 06. Vão para o hotel que está no e-mail. Descansam pela manhã. Às quatorze horas, um motorista irá buscá-los no hotel e os levará direto para o escritório Masry & Vititoe. Ficarão a tarde por lá. No finzinho da tarde, o Jim os levará para jantar. No dia seguinte, irão conhecer as casas de Jim e George para terem um relacionamento mais próximo. Na noite do dia 07, seguem para Miami. Terão a manhã livre do dia 08 para descansar. Um carro irá buscá-los no hotel e os levará ao escritório Podhurst Orseck. Passarão a tarde lá. À tardinha, alguém do escritório irá levá-los para jantar e passear um pouco à noite. No dia 09, poderão retornar ao escritório Podhurst Orseck, bem como visitar outros locais de seu interesse ou em relação à Justiça. No dia 10, sábado, bem cedo, retornarão ao Brasil, com conexão em São Paulo, chegando a Porto Alegre por volta das vinte e uma horas. É isso, Eduardo.

— É puxado, mas acho que é bem isso. Focado no trabalho – eu disse.

Silvia deu uma gargalhada discreta e falou:

— Não vai sobrar muito tempo para outras coisas... Ha-ha-ha.

Não sabia o que dizer:

— Com certeza – falei.

— Então é isso, Eduardo. Veja no seu e-mail se está tudo conforme lhe passei agora. Qualquer coisa, ligue para mim. Não fique constrangido por ser sábado ou mesmo amanhã, que é domingo. Estou aqui para ajudá-lo. Tenha uma excelente viagem, Eduardo. Ah, e me passe o telefone e e-mail da Vívian, por favor.

— Claro. Anote aí.

Dei-lhe os dados da Vívian. Após, agradeci a atenção de Silvia e desliguei.

Meu Deus! Estava atônito com tudo o que tinha ouvido. Resolvi ligar para a Vívian e lhe contar da nossa viagem. Fiquei um tanto inseguro e temeroso da reação de Vívian, porém ela foi receptiva, embora um pouco contida. Ficou surpresa, é claro. Até a sexta-feira anterior, ela não trabalhava comigo. Um dia depois, já estava se aprontando para viajar comigo para os Estados Unidos!

Ficamos um bom tempo ainda no telefone. Afinal, tínhamos que ajustar uma série de coisas até a viagem. Combinamos de nos encontrar no aeroporto às nove e meia da manhã da segunda-feira.

Naquele sábado, saí do escritório às oito da noite e fui direto para casa. Estava ansioso, mas, ao mesmo tempo, com uma energia positiva. Eu sentia que aquela viagem seria muito marcante, que algo de muito forte aconteceria na minha vida depois daquela experiência. E nessa *vibe* passei o restante do fim de semana, ficando em casa praticamente o tempo todo.

CAPÍTULO 7

LOS ANGELES

EU CHEGUEI AO aeroporto um pouco antes das nove e meia. Resolvi aguardar pela Vívian antes do embarque. Mal podia esperar para vê-la. Por pouco, não liguei no domingo. Depois, pensei melhor e achei que poderia ser uma demasia. Eu mirava para os dois lados por onde ela poderia aparecer, mas nada ainda.

De repente, quando procurava o papel do *check-in* no bolso que a Silvia havia enviado, Vívian tocou no meu ombro e falou:

— Tudo bem, Eduardo?

Surpreso, respondi:

— Oi, Vívian! E aí?

Ela estava lindíssima. Com um conjunto cinza e uma camisa branca. O sapato preto de salto a deixava ainda mais em destaque. Seu cabelo, castanho-claro, estava solto e muito bonito.

Então, perguntei:

— Preparada para a maratona?

— Espero que sim. Estou com o *check-in* que a Silvia me enviou no sábado.

— Eu também – e mostrei o papel.

— Aliás, muito simpática a Silvia. Gostei dela.

— Também achei – respondi.

Entramos no salão de embarque do aeroporto de Porto Alegre e fomos conversando sobre a viagem até São Paulo. Depois, Vívian me mostrou um livro do escritor John Grisham. Era em inglês e se tratava de um romance policial. Fiquei admirado por Vívian ler em inglês como se fosse em português. "Realmente, era a pessoa que eu precisava nessa empreitada", pensava eu.

Às dezesseis horas, o avião partiu para Los Angeles, e o destino estava traçado. A viagem foi cansativa, mas o clima entre mim e Vívian era o melhor; então, pudemos aproveitar a viagem.

Ao chegar em Los Angeles, pegamos as malas e fomos correndo em direção a um táxi, que nos levaria ao hotel. Era bem cedo, cerca de seis da manhã de um dia lindo, com muito sol.

Chegamos ao hotel, que era do tipo executivo, sem luxo. Era funcional, do tipo que era usado somente para dormir. Vívian subiu para o seu quarto e eu, para o meu.

Resolvemos descer meia hora depois para tomar café da manhã. Quando descemos, fomos caminhar perto do hotel e tomar um café por ali mesmo. Não demorei muito para perceber que estava apaixonado por Vívian!

Naquela terça-feira pela manhã, em Los Angeles, em um hotel simples e em um bairro não glamoroso daquela cidade, percebi que Vívian era a mulher da minha vida.

Às quatorze horas, veio um carro com motorista nos buscar. Era um *sedan*, e o motorista nos levou ao escritório Masry & Vititoe.

Era uma casa grande – na verdade, uma mansão. Ficava em um bairro rico de Los Angeles, na parte alta de uma subida. Era imponente. Tinha duas colunas ao estilo grego de cada lado e, no centro, uma porta grande de vidro, com fios de ferro dourados entrelaçando-se na frente do vidro.

Entramos na casa e, em seguida, fomos acompanhados por uma senhora com cerca de quarenta anos, alta e elegante, até o andar de cima da casa. Lá, veio Jim Vititoe nos cumprimentar e nos abraçar.

— Eduardo e Vívian, que prazer ver vocês, meus amigos!

Desta vez, não tinha o Wilson para fazer a tradução, então Vívian se colocou no papel de tradutora-intérprete. Fui abraçar Jim e ele me beijou no rosto. Percebi que queria se mostrar íntimo e afetuoso.

— Muito prazer em revê-lo, Jim.

E Vívian também cumprimentou Jim.

— Muito lindo seu escritório – elogiei.

Logo, Jim mandou nos servir café. Enquanto tomávamos o café, Jim apresentou sua assistente, Susan. Após conversas triviais sobre a viagem, a cidade de Los Angeles e outras amenidades, Jim nos levou para conhecer o escritório.

A casa realmente era bem grande. Mas não eram todos os ambientes que estavam ocupados. Havia cômodos fechados; outros com poucas pessoas. Quando fomos ao fim do segundo e último andar, Jim nos mostrou onde ficava o setor jurídico do escritório. Havia um balcão alto de granito branco na frente e, atrás, ficavam quatro advogados instalados em mesas e cadeiras.

Percebi que eram três mulheres e um homem. Foi perceptível que o espaço era bem maior do que efetivamente o escritório necessitava. Até dava a entender, ao menos para mim, que toda aquela estrutura era excessiva. Talvez fosse necessária certa demonstração de riqueza, muito embora fosse possível perceber que Jim era realmente rico. E acho que fazia questão de demonstrar isso.

Estávamos conversando na frente do balcão de granito, quando perguntei:

— E a Erin Brockovich? Ela trabalha aqui?

Como falei em um inglês inteligível, Jim entendeu e respondeu:

— Sim, ela está gripada hoje. Aliás, já está com essa gripe há alguns dias. Ela lamenta não estar aqui para conhecê-los.

Vívian falou:

– Que pena! Queria muito conhecê-la.

E reforcei:

— Eu também!

Vívian indagou:

— Mas ela ainda trabalha com vocês? Até imaginei que, depois daquela indenização, ela tinha largado o trabalho.

Jim deu um sorriso um pouco sem jeito e falou:

— Bem, Erin ficou rica. Claro que não atua mais da forma que era antes. Quer aproveitar mais a vida, viajar, namorar...

Vívian continuou:

— Ela se casou depois da indenização, pois na época ela era mãe, mas estava solteira, certo? Até porque o pai das crianças os havia abandonado.

Jim não parecia se importar em falar sobre Erin. Parecia que a fama de Erin o deixava fascinado, e assim não se furtava em falar dela.

— Bem, se querem saber, ela está no quinto casamento. E, como falei, ela quer aproveitar a vida, o dinheiro, comprar coisas boas...

E querendo mudar de assunto, falou:

— Vejam, são cinco da tarde. Aqui, nos Estados Unidos, jantamos cedo. Então, sugiro que vocês se dirijam para o hotel, descansem e, às sete da noite, passo para pegá-los. Daí vamos jantar e passear, ok?

Depois da tradução de Vívian, respondi:

— Ok, Jim.

E Jim orientou que Susan providenciasse nosso transporte para o hotel.

Entramos no táxi que veio nos buscar, o conhecido e charmoso *yellow taxi*. Sentamos eu e Vívian no banco de trás. Pensei: "Que dia memorável!". Se a vida havia sido injusta comigo, agora parecia que ia começar a sorrir para mim. Estava realizado!

Olhei para a Vívian, mas ela não percebeu que eu a estava observando. Vi o brilho no seu olhar! Era como se estivéssemos vivendo uma aventura, uma doce e glamorosa aventura – pelo menos até ali.

Às dezenove horas, estávamos no saguão. Em seguida, a BMW de Jim estacionou na frente do nosso hotel. Ele estava com mais um amigo, Steve, que – depois fui saber – era quem cuidava da parte administrativa e financeira do escritório.

Nós nos cumprimentamos, os quatro. Todos estavam felizes. Jim era um homem de bom humor, o típico estadunidense, de pele clara e olhos azuis. Era baixinho e gordinho, com bom humor. Sua companhia era agradável. Já Steve era bem mais recatado, sorria mais do que falava.

Depois de Jim mostrar um pouco da cidade de Los Angeles, inclusive o bar Nineteen 12, no Beverly Hills Hotel, onde foram filmadas cenas do filme *Uma linda mulher*, chegamos ao restaurante.

Era um local especializado em frutos do mar e com vista para o mar. Superelegante. O nome era The Lobster, no Píer de Santa Mônica. Eu diria que era o típico restaurante para quem tem "bala na agulha". De imediato, vimos muita gente aguardando por mesa. Mas Jim foi chegando e já ofereceu uma nota de cem dólares para o garçom. Foi o bastante para, em cinco minutos, passarmos na frente dos demais. Pegamos uma mesa com uma vista maravilhosa. E tivemos uma noite espetacular com ostras e camarões, regados a um vinho californiano *rosé* excelente.

Já me sentia à vontade com Jim. Igualmente, Vívian se soltava e sorria; demonstrava estar gostando de tudo. Após o banquete, Jim nos levou para conhecer o teatro onde ocorre a entrega do Oscar. Era suntuoso. Também nos levou pelas avenidas famosas de L.A. e, para a nossa surpresa, a uma lanchonete típica e tradicional dos Estados Unidos.

Nem acreditei quando ele entrou no estacionamento da *In N Out*, uma lanchonete conhecida e tradicional da Califórnia, segundo o relato de Jim. Depois de comer lagosta, camarão e ostras, "traçar" um hambúrguer, francamente...

Mas ele pediu um hambúrguer para cada um. Vívian conseguiu escapar, pois não come carne vermelha. Aliás, desde pequena. Traumas de infância, segundo ela. Quanto a mim, não tive essa chance; acabei comendo aquele hambúrguer. Não tive forças para recusar!

Realmente, era muito saboroso. A carne tinha gosto de churrasco, mas estava difícil de saboreá-lo depois de um jantar daqueles. No entanto, Jim devorou o seu hambúrguer como se fosse o seu primeiro alimento do dia.

Retornamos ao hotel com o compromisso de estarmos disponíveis às nove horas do dia seguinte para tomarmos um café da manhã em um local na beira da praia. Subimos cada um para o seu quarto. Estávamos exaustos! Ambos precisávamos de uma cama. Cada um na sua, é claro.

No dia seguinte, descemos quase juntos, com cara de quem havia dormido bem, mas precisava de um pouco mais. O fuso horário de Los Angeles é de seis horas, e depois de certo tempo, começa a pesar essa diferença.

Jim chegou e nos levou pela beira-mar até um local de café da manhã, estilo *country*, em Malibu. Sentamos à mesa, próximo a uma janela com vista para o mar. Não era um lugar sofisticado, mas, sim, característico do estilo estadunidense, inclusive em relação à culinária do *breakfast*. Vieram ovos mexidos, bacon, pães, panquecas e *waffles*. Aliás, Vívian adora esses *waffles*.

Desta vez, conversamos sobre estratégia jurídica, mais especificamente em relação ao caso do acidente. Jim falou de algumas famílias que eram clientes, seus dramas e, em alguns casos, aprofundou-se no perfil da vítima.

Ele contou um fato que me deixou muito impressionado. Jim relatou que periodicamente as famílias se reuniam durante um fim de semana inteiro, dentro do salão de convenções de um hotel, perto do aeroporto de Congonhas, em São Paulo. Segundo ele, as famílias iam tratar dos mais variados assuntos relativos ao acidente.

Perguntei mais detalhes sobre essa reunião, tudo traduzido pela Vívian. Jim se posicionou na cadeira e, tomando um ar de bastante seriedade, começou a explicar:

— Participei de três das quatro reuniões que já aconteceram. George também. Foi algo muito forte para mim o que ocorreu naqueles finais de semana. As pessoas e familiares compareciam unidas nas reuniões, carregando fotos e cartazes e vestindo camisas estampadas com fotos de seu familiar falecido no acidente. Elas choravam, revoltavam-se e dividiam seus problemas. Formaram uma associação de familiares e estão se organizando.

Vívian o interrompeu para perguntar:

— E compareceram todos os familiares das vítimas do voo?

Jim, ainda com seu olhar sério – que eu não tinha conhecido até começo daquela conversa – falou:

— Bem, Vívian, podem não ser todos, mas uma boa parte das famílias vai lá sim.

Foi quando perguntei:

— E quem financia isso? Eles tiram do bolso?

— Não, Eduardo. A companhia aérea está pagando tudo. As viagens áreas, as diárias de hotel, refeições, etc.

Eu me espantei com aquela informação.

— Mas deve ser uma fortuna cada reunião, hein? – questionei.

Jim respondeu:

— É, mas a companhia tem seguro. Acho que é a seguradora que está arcando com tudo.

Como a tradução era de Vívian, que não era profissional, demorava um pouco mais. Mas até que eu já estava entendendo melhor.

Jim retomou:

— Os outros advogados, nossos parceiros, estão sempre lá. E quero que vocês também participem, é claro. Afinal, é lá que estão os clientes para captarmos para a nossa ação aqui. Entenderam?

Tanto eu como Vívian ainda estávamos assimilando aquele mar de novidades, e foi Vívian que respondeu:

— *Yes*.

Jim finalizou:

— Agora, vamos visitar nossas casas! O George está nos esperando.

Olhei para Vívian e falei baixinho enquanto Jim se levantava para ir pagar a conta:

— Vamos mesmo nas casas deles? Eu achei que a Silvia estava exagerando.

Vívian também se mostrou surpresa.

Fomos no carro de Jim, pela costa de Los Angeles, e ele nos apontando tudo o que era relevante, como um guia turístico.

No caminho, conhecemos uma universidade que ficava em um morro com vista para a praia. Fiquei pensando como seria assistir a uma aula lá, ou não assistir para ir tomar um banho de mar. Como demonstramos interesse, Jim nos levou para conhecer as dependências da instituição. Foi muito legal.

Vívian se mostrou muito interessada em cursar alguma faculdade lá. Afinal, ela sabia inglês perfeitamente. Chegou a comentar comigo que não se importaria em se mudar para lá.

Fiquei surpreso com essa declaração de Vívian. Era claro que ela admirava os Estados Unidos, sua civilização. Confesso que, mesmo antes desta viagem, sempre me interessei pelo país também.

Após quase uma hora conhecendo a universidade, fomos direto para a casa de George – quer dizer, casa não, mansão! Era um palácio de dois andares muito bonito, com ar imponente. Uma senhora muito educada e fina abriu a majestosa porta de madeira e, com um sorriso simpático, falou:

— Sejam bem-vindos. Entrem e sintam-se em casa.

Jim fez menção com o braço para que eu e Vívian adentrássemos a mansão. Quando entrei, a primeira coisa que vi foi a sala de estar com uma imensa árvore de Natal. Ao seu redor, havia um presépio e também uma longa estrada de ferro por onde uma locomotiva percorria o trajeto. Era espantoso o tamanho daquele ambiente!

Virei-me para Vívian, com olhar de surpresa, e falei:

— Que fantástico! Eles gostam mesmo de Natal! Estamos no início de novembro ainda.

E Vívian comentou:

— Puxa, mas é lindo. Adorei!

Aos poucos, fomos conhecendo as dependências da casa.

Havia uma cozinha enorme, exatamente como retratam os filmes estadunidenses. O ambiente era dividido por um grande balcão, com cinco bancos do lado de fora e dois bancos do lado que tem o forno. Era muito moderna, com o que havia de melhor em eletrodomésticos.

Subimos as escadas, onde ficavam os dormitórios. Vimos cinco suítes enormes. George estava em um cômodo imenso, onde era seu escritório, acomodado em uma espécie de *chaise-longue*. Ele estava de repouso, pois estava se restabelecendo de uma cirurgia. Quando entramos, ele estava assistindo a algo na televisão; apertou o botão de pausa e se levantou para nos cumprimentar.

Era um homem com um trato mais fino do que Jim. Beijou-me no rosto, como Jim já havia feito anteriormente, e também abraçou Vívian afetuosamente.

Pediu que nos sentássemos em belas e confortáveis poltronas que estavam naquele escritório adaptado, digamos assim. Fez aquelas colocações de praxe de como havia sido a viagem e se estávamos bem acomodados no hotel e também indagou se estávamos gostando de Los Angeles.

Depois do nosso aceno afirmativo, George falou:

— Quero que vejam este filme que produzimos.

Vívian perguntou:

— *Movie?*

George levantou a cabeça para dizer:

— Este é um caso de uma mulher que ficou tetraplégica depois de sofrer um acidente na montanha-russa da Disney. A família é composta por ela, o marido e os três filhos. Ela trabalhava em uma firma de engenharia e também cuidava do lar. Hoje, o marido troca suas fraldas, e ela está quase como um vegetal. A família se destruiu emocional e também economicamente. Resolvemos filmar o drama da família para mostrar na ação.

George, então, voltou ao início o DVD ao qual estava assistindo quando adentramos no escritório.

No começo do vídeo, aparecia a família como era antes. O casal e três filhos: uma menina de dez anos, outra menina de treze e um menino de quinze, fazendo churrasco e jogando futebol americano em um parque ao ar livre. Todos rindo, divertindo-se. Em seguida, aparecia a montanha-russa do parque de diversões e, logo após, a situação atual da família. Inclusive, o marido trocando as fraldas da mulher. Fiquei muito chocado. Aliás, eu e Vívian fomos às lágrimas. Ainda teve o depoimento das crianças... Nunca me esquecerei daquele filme!

Quando acabou, George falou:

— O que acharam?

Vívian respondeu em inglês:

— Muito chocante!

Eu também fiz sinal com a cabeça.

George continuou:

— Esperamos entrar com o processo em quinze dias. Vou mostrar para a família e pegar sua autorização.

George franziu a testa e falou com a voz pesada:

— Eu estive, pessoalmente, na casa dessa família. É tudo muito dramático! As crianças estão sofrendo demais!

Foi quando George se emocionou. Sua voz parou de sair e seus olhos se encheram de lágrimas. Eu e Vívian também ficamos com os olhos marejados. Após alguns instantes, George retomou a fala:

— Espero que este vídeo cause impacto na outra parte e possamos fazer um acordo, muito embora eu tenha convicção de que, se for a júri, o valor será extremamente pesado para o parque!

Após isso, George falou sobre o acidente da TAM.

— Acho que vocês vão ter muito sucesso neste trabalho. O fato de vocês serem um casal vai ajudá-los. Um fará o contraponto do outro. O Eduardo pode agir de uma forma mais dura, e a Vívian fica na parte mais sensível. Acho... não sei.

Mal sabia ele que eu choro mais do que a Vívian. E, já que ele estava falando do acidente, perguntei a George:

— E sobre as reuniões dos familiares? Jim comentou conosco que acontece um monte de coisas por lá.

Vívian traduziu e George respondeu:

— É lá que vocês vão atuar bastante! As famílias se reúnem para debater sobre os problemas comuns que elas possuem. Cabe a vocês se comunicarem com elas. Essas pessoas precisam de nós!

Com solenidade, George fez questão de entonar a voz, como se fosse fazer um comunicado:

— Vamos ajudar essas famílias! O melhor para essas pessoas é ficar conosco, entrar para o nosso time! Podem estar certos de que nenhuma outra opção será melhor para as famílias do que entrar com processo aqui! Você sabe, Eduardo, que a Justiça no Brasil é muito lenta! Quanto tempo vai levar uma ação movida no seu país?

George me fitou com olhar interrogatório. Eu falei:

— Com certeza, um processo desses vai levar uma vida!

— É isso que você e a Vívian têm que explicar para as famílias. E mais, o valor da indenização aqui é bem mais alto! Aqui, as indenizações giram em torno de milhões de dólares. Você vai ver lá em Miami, no escritório Podhurst, alguns processos que eles têm lá.

CAPÍTULO 8

MIAMI

JÁ ERA QUASE noite quando saímos da casa de George. Jim nos levou ao hotel para pegar as malas e fomos para o aeroporto de Los Angeles. Durante o caminho, Jim colocou para tocar músicas de Michael Bublé, do qual se declarou um fã, e ficamos conversando no carro sobre amenidades.

Eu e Vívian nos despedimos de Jim ao chegar no aeroporto de L.A. De lá, pegamos um voo para Miami, onde visitaríamos o Podhurst Orseck, o outro escritório que fazia parte, em parceria com o Masry & Vititoe, da operação jurídica estadunidense do acidente aéreo da TAM. Durante o voo, comentamos tudo o que havia ocorrido no incrível encontro com Jim e George, e tudo o que os cercava. Fizemos uma viagem maravilhosa, embora estivéssemos cansados.

Agora, era outro mundo desconhecido que nos esperava. Miami!

Após desembarcarmos, dirigimo-nos ao endereço designado para nossas instalações. Chegando lá, fiquei analisando aquele hotel pequeno, com aparência de velho. Olhei para Vívian, que, depois de observar o hotel, fez uma cara de quem "comeu e não gostou".

Me atrevi e disse a ela:

— Parece ruim este hotel, hein, Vívian?

— Eduardo, já que você falou, não tem uma boa aparência mesmo!

Respirei fundo e falei:

— Quem sabe vamos ver um outro melhor? Afinal, são dois dias somente. E ainda vai pegar bem para nós. Dispensamos o hotel deles e encaramos um hotel melhor, bancado por nós!

Vívian ficou pensativa, mas logo respondeu:

— Acho que você tem razão, Eduardo. Se você acha... Eu concordo.

Dei um olhar decidido e falei:

— Quer saber? Vamos procurar um hotel melhor, em South Beach. Veja aí, Vívian, no Google®, os hotéis que ficam na praia.

Vívian, sorridente, respondeu:

— É para já.

Passados alguns minutos, Vívian já havia escolhido o hotel. O Loews era maravilhoso! Tinha um amplo *hall* de entrada e a imensa piscina chegava até a beira da praia. Ao lado da piscina, havia umas tendas árabes, muito confortáveis. Eu não estava com essa "bola" toda em termos de dinheiro, mas percebi que o caso exigia certo investimento.

Eram nove horas da manhã quando chegamos ao hotel. Não tivemos dúvidas em deixar as malas no quarto e descer para aproveitar algumas horas, já que nossa visita ao escritório estava marcada para as dezesseis horas. Estava um dia lindo, ensolarado, e decidimos ir até a praia. Contudo, a água do mar estava tão fria que não conseguimos nos banhar. Caminhamos pela beira do mar e, depois, fomos para a piscina curtir um pouco mais daquele momento único.

Às 15h40, o horário para sairmos do hotel e chegarmos a tempo no escritório, eu e Vívian pegamos um táxi em direção ao Podhurst Orseck.

O escritório ficava na parte antiga de Miami; um cenário composto por prédios antigos, com certo ar de nostalgia.

Ao adentrarmos, vimos que o escritório ocupava um andar inteiro de um prédio de cerca de doze andares. Fomos recebidos pelos advogados dr. Ricardo – cubano, que trabalhava nos Estados Unidos há um tempo e que falava português muito bem – e seu colega, Alan.

Conhecemos as instalações do escritório e achei curioso que, na cozinha do escritório (um refeitório, digamos assim), havia uma máquina enorme de fazer pipoca. No intervalo, os funcionários tinham direito a pipoca (e havia muita), além de uma geladeira lotada de Coca-Cola®. Era um ambiente descontraído, com um ar jovial e alto astral. Logo pensei: "Vou adotar no Brasil essa ideia da pipoca e tudo o mais".

Também folheei alguns processos de indenização que o Ricardo me permitiu ver. Que inveja! Eram processos concluídos e que, na sua maioria, não tinham duzentas páginas! Todos acabavam em acordo!

Ricardo explicou-me que, no *Common Law* – sistema judicial estaduniden-se (o nosso é o *Civil Law*) –, praticamente todos os processos se encerram em acordo. Dificilmente, o processo demora mais de um ano. Dois anos é o máximo que se admite! Contou-me também que, em virtude de as empresas possuírem seguro, há uma garantia do pagamento da indenização.

Pensei comigo: "No Brasil, mesmo no Rio Grande do Sul, o Judiciário está cheio de processos contra seguradoras, que simplesmente não pagam! Mesmo com a evidente obrigação prevista em contrato, elas não pagam o sinistro, e o segurado, ou mesmo a outra parte, tem de acionar judicialmente a segurado-ra para compeli-la a cumprir sua parte. Nos Estados Unidos, essa hipótese não tem a menor chance de ocorrer! E sabe por quê? O sistema pune. A sociedade se encarrega de retirar a empresa descumpridora de sua obrigação do mercado!".

Mas, voltando para o escritório estadunidense, Ricardo me contou alguns casos interessantes. Um que me marcou foi o de um pastor que tinha cerca de uns dois mil fiéis na sua Igreja (nos Estados Unidos, é comum essa situação).

O pastor estava sobrevoando o deserto do Texas em um pequeno jatinho, quando a aeronave sofreu uma pane e acabou caindo, vindo a falecer o pastor e os demais, ou seja, a tripulação e mais um passageiro (se estou bem lembrado). Pois bem, esse processo não demorou um ano para ser finalizado! Foi feito um acordo com a seguradora da aeronave; e os familiares do pastor, que eram representados pelo escritório, na pessoa do próprio Ricardo, receberam dez milhões de dólares (são muitos zeros!). Não posso revelar o percentual de honorários de Ricardo, ou mesmo do seu escritório, mas asseguro que Ricardo, jovem advogado na época, no começo de sua carreira, já garantiu a segurança de sua família por vários anos!

Aliás, lá não tem advogado pobre. Todos são bem-sucedidos. E por quê? A cultura do acordo é fundamental. A mentalidade das pessoas é diferente porque a Justiça é diferente. Nos Estados Unidos, as pessoas e as empresas na pessoa de seus dirigentes têm medo do que pode vir da condenação na Justiça.

Vamos imaginar o caso de um acidente de avião ocorrido nos Estados Uni-dos. Primeiramente, a empresa aérea já tem medo do valor alto que as condena-ções nos Estados Unidos costumam atribuir às empresas causadoras do aciden-te. Também pesa, e muito, o fato de que, no primeiro grau, é bem possível que o caso seja julgado por um júri popular. Sim, pessoas comuns, do povo, que inva-riavelmente são sensíveis aos dramas e suas vítimas.

O sistema *Common Law*, anglo-saxão, existe em países de língua inglesa, como no Reino Unido, Estados Unidos, Nova Zelândia, Austrália, África do Sul e Canadá, e também em ex-colônias de língua inglesa, tais como Índia, Malásia, Brunei, Paquistão, Singapura e Hong Kong. Esse sistema jurídico se baseia na jurisprudência, na repetição de casos.

Já o *Civil Law*, adotado no Brasil, é originário da cultura romano-germânica, que preconiza a adoção do sistema baseado na codificação em atos legislativos.

O *Common Law* baseia-se em casos análogos e, então, vincula a decisão do processo com exceções; e aí ocorre uma diferença muito latente. Assim, a decisão judicial vem com mais velocidade.

Além disso, o *Common Law* é muito menos formal. Não requer o relato de testemunhas em foro, em sala de audiências, como é no Brasil, como é no sistema do *Civil Law*, cheio de formalidades e ritos que acabam por atrasar o ato processual. A escuta de testemunhas pode se dar no escritório de advocacia, desde que com a presença do serventuário da Justiça que está representando o juiz e que, portanto, dá fé pública ao ato.

Aliás, foi assim que ocorreu nos processos das famílias vítimas do voo da TAM que depuseram nos Estados Unidos. As testemunhas foram ouvidas no escritório estadunidense de Miami: os familiares, outras testemunhas, sempre com a presença de um serventuário da Justiça, que digitava o que se passava.

Esse ato, realizado em escritório de advocacia com a presença de um escrivão, economizou um tempo impressionante (de anos) em relação à Justiça brasileira. O ato foi rico em seu conteúdo, mesmo sendo realizado desse modo mais informal e ágil.

Durante o restinho da tarde até nove horas da noite, ficamos papeando e conhecendo mais sobre o sistema jurídico estadunidense. Então, Ricardo nos convidou para jantar. Fomos a um restaurante tradicional, especializado em frutos do mar, onde conversamos longamente sobre a estratégia do processo que envolveria as famílias.

Eu e Vívian ficamos satisfeitos com o que ouvimos e vimos no escritório de Miami, bem como em relação a Los Angeles. A sociedade com os advogados estadunidenses estava concretizada.

No dia seguinte, pela manhã, embarcamos de volta para o Brasil, com o sentimento de que estávamos começando uma jornada de trabalho sem precedentes! E estávamos convictos de que a Justiça estadunidense era o melhor caminho.

CAPÍTULO 9

DE VOLTA AO BRASIL

CHEGAMOS EM PORTO Alegre no sábado à noite. Estávamos animados em virtude do desafio que seria o maior de nossas vidas, mas exaustos. Ao mesmo tempo em que o corpo acusava cansaço, a mente não parava de pensar.

Apesar de sabermos que ficaríamos muito mais cansados, Eu e Vívian não queríamos perder o Congresso do IBDFAM (Instituto Brasileiro de Direito de Família), o qual agrega cerca de mil pessoas e que, naquele ano, aconteceria em Belo Horizonte e começaria quatro dias depois da nossa volta ao Brasil.

Assim, novamente viajamos juntos, após quatro dias de retornar de Miami.

Chegando em Belo Horizonte, resolvemos deixar as malas no hotel e sair para jantar. Na verdade, fomos a um barzinho, com mesas na rua, em um bairro tradicional da noite de Belo Horizonte.

Sentamos e nos fitamos, eu e Vívian. Falei:

— Vívian, você acredita no que estamos vivendo?

Ela respondeu:

— É incrível, sim! E de pensar que há alguns dias eu nem trabalhando estava...

Coloquei:

— Esta encarnação está demais! (Não sei o que baixou em mim, para usar esse termo, mas usei.)

Vívian riu e disse:

— Está boa esta...

E passamos a noite conversando sobre o passado de nossas vidas, o presente da viagem aos Estados Unidos e o futuro que nos instigava a imaginar o que seria exatamente aquele trabalho.

Eu e Vívian viajaríamos pelo Brasil para captar clientes para nossa causa? As reuniões da associação das famílias vítimas seriam o palco para interagirmos com elas? E, avistando-se tantas viagens, o que seria do meu escritório? Será que não perderia clientes?

Estava tão excitado com tudo aquilo que não podia pensar em dormir. Mas o evento que já havia começado naquele dia em que chegamos teria seu dia principal logo na próxima manhã. Então, pensando nisso, fomos dormir.

Na manhã seguinte, depois de um café, fomos em direção ao hotel Ouro Minas, onde se realizava o Congresso. Logo, nossos colegas da pós-graduação perceberam que estávamos juntos. Fizeram algumas piadinhas, mas todas no bom sentido, é claro.

Eu e Vívian assistimos às palestras de quinta e sexta-feira, que eram os dias mais relevantes do Congresso, e conversamos com todos – e eram muitos colegas e amigos.

Nesse cenário, sentíamo-nos contagiados pela intensidade do que estávamos vivendo. O nosso assunto profissional era a questão indenizatória do acidente da TAM. E no âmbito pessoal, as nossas vidas já haviam misturado as nossas emoções. Era impossível impedir aqueles sentimentos! Foi em Belo Horizonte que percebi que disfarçar isso seria uma burrice imensa, não tem como esconder o amor! Esse é o sentimento mais profundo e forte do ser humano, e não tem como ir contra a sua força!

E, então, a partir desse Congresso, em Minas Gerais, nos assumimos como casal. O bom de nosso relacionamento é que aconteceu de forma natural. Nenhum dos dois forçou a barra. Começamos como colegas de pós-graduação, depois passamos para amigos, depois colegas de trabalho e, por fim, adquirimos a personalidade de casal.

Com essa harmonia contagiante, voltamos para Porto Alegre, depois de quase vinte dias corridos viajando juntos. Naquele momento, cada um foi para sua casa e nos despedimos temporariamente. Era sábado à tardinha e, na segunda-feira, às dez horas, deveríamos ir ao meu escritório para as devidas apresentações a Tarcísio e Marlene e dar seguimento à nossa jornada.

Confesso que senti demais a ausência de Vívian. Estávamos muito unidos em todos os sentidos.

Tive um fim de semana diferente. Fiquei arrumando as coisas da viagem. Afinal, estive praticamente vinte dias fora de casa e do escritório. Me senti muito motivado, pois estavam acontecendo muitas coisas juntas. Coisas boas.

Um grande caso de Direito, uma história de amor; uma vida nova se apresentava para mim. Era uma sensação inédita e que, ao mesmo tempo, me fazia sonhar com uma esperança de vida melhor para mim, na medida em que tudo era novo; eu me sentia com muita vontade para fazer que tudo desse certo, tanto a ação da TAM quanto o meu recente relacionamento.

CAPÍTULO 10

ENTROSAMENTO

NA SEGUNDA-FEIRA, POR volta das nove da manhã, cheguei ao escritório. Marlene e Tarcísio estavam na copinha – como chamávamos onde fica o café, a água e demais itens de cozinha – conversando animadamente. Às segundas-feiras, o bate-papo costumava ser intenso.

Quando cheguei, Marlene saiu na frente dizendo:

— Dr. Eduardo, há quanto tempo! Estava com saudades.

Tarcísio interveio:

— Puxa, Eduardo, que bom te ver! Estamos ansiosos para saber notícias suas! Já sabemos de algumas novidades.

Resolvi levar os dois, Marlene e Tarcísio, para a minha sala. E com um café "em taça grande" (acabei adotando o hábito estadunidense de tomar café naquelas canecas) e água mineral, comecei a contar tudo o que havia acontecido durante a viagem. Realmente, havia uma imensa quantidade de informações para eu repassar aos meus colegas. Foi mais de uma hora de relatos.

Percebi que ficaram bem impressionados com o que contei. O escritório estadunidense e a parceria que firmei com eles surtiram um efeito impactante, ainda mais quando lhes passei que iria viajar pelo Brasil afora, com a Vívian.

Quando eu estava encerrando minha história, tocou a campainha. Imaginei que seria a Vívian e não deu outra. Marlene foi abrir a porta e retornou com ela. Vívian entrou na copinha com sua beleza e elegância que encantavam. Apresentei-a a Marlene e Tarcísio. De imediato, os três começaram a conversar sem nenhuma timidez ou vergonha. Fiquei observando, feliz da vida! Perceber que meus colegas de escritório estavam entrosados e contentes, era ótimo!

Aproveitando a presença de todos, iniciei uma reunião de trabalho. Informei-lhes sobre os planos de abordagem das famílias vítimas do voo da TAM e que as viagens seriam inúmeras. Logo, minha ausência do escritório seria também inevitável.

Os processos em andamento, eu deixaria mais nas mãos do Tarcísio. E foi para ele que, na frente dos outros, pedi sua máxima concentração e atenção, pois, na minha ausência, ele seria eu.

— Durante esses quase três anos que você está aqui, eu nunca falei o que vou te dizer agora. Estou diante de um enorme desafio! Resolvi topar essa parceria com o escritório norte-americano e vou confessar para vocês que estou muito preocupado com a situação do dia a dia no escritório. Vou sair Brasil afora, viajando atrás de familiares de vítimas, e só Deus sabe o que me aguarda. É um mistério o que vai acontecer. Às vezes, acho que fiquei louco... Os processos e os clientes daqui são os que pagam as minhas contas. É claro que vocês, Tarcísio e Marlene, já têm conhecimento, e o Tarcísio na parte jurídica. Mas vocês sabem como sou estressado com os prazos e tudo o mais... Em resumo, preciso como nunca de vocês!

A resposta de Marlene veio primeiro:

— Pode ficar tranquilo, dr. Eduardo, que estarei atenta por aqui.

Depois, Tarcísio:

— Estou ciente do que significa para o escritório a boa manutenção dos processos. E vou cuidar disso como nunca! Pode estar certo.

Após essa conversa, eu me senti um pouco mais aliviado em relação ao peso de ter que deixar de lado o escritório durante as viagens. Claro que a preocupação não foi embora, mas, de certa forma, eu me senti amparado por Marlene e Tarcísio.

Eu gostava deles como pessoas também.

Marlene era de origem bem humilde, veio trabalhar por meio de um anúncio no jornal. Aliás, havia mais candidatos para a vaga (de secretária), inclusive de estagiárias de Direito. Nunca esqueço que Marlene veio com uma calça que estava com a bainha por fazer. Ela ficou constrangida e lhe ofereci um *clip* como auxílio. Ela o pegou e colocou na calça; outra candidata, que estava na sala de espera, viu e caçoou dela.

Naquele momento, resolvi decidir por Marlene! Para mim, ela demonstrou determinação, confiança e muita humildade. Eu gostei dela, de sua atitude e me passou uma energia muito positiva. Marlene era bem jovem, com 26 anos, queria subir na vida e, principalmente, era bem interessada em aprender e tinha um bom humor, além de uma força de vontade incomparável.

Já Tarcísio tinha sido indicação de uma amiga. Ele também possuía qualidades que eu apreciava, além de ser um advogado com um razoável conhecimento. Tarcísio era casado e tinha um filho; era preocupado com sua família.

Juntando-se a eles, estava Vívian. Ela era inteligente e muito perspicaz. Faltava-lhe adquirir mais experiência, e o trabalho da TAM seria fundamental em sua carreira.

Pois bem, aquela segunda-feira transcorreu com bastante trabalho e com o pessoal no escritório se entrosando. Eu estava envolvido com os processos e as questões dos clientes, que não eram poucos.

Na terça-feira pela manhã, eram cerca de dez horas quando Marlene me passou a ligação da Silvia, do escritório estadunidense Masry & Vititoe.

Com uma voz agradável, Silvia falou:

— Bom dia, dr. Eduardo.

Ao que respondi:

— Bom dia, Silvia. Mas retire, por favor, o doutor. Não temos necessidade de ter formalidades.

Aquela colocação caiu bem.

— Que ótimo, Eduardo. Também prefiro – e Silvia foi adiante. – Veja, no próximo fim de semana, você e a Vívian irão para São Paulo, para participar do encontro da Afavitam.

Falei com surpresa:

— É mesmo?! Não sabia que seria já neste fim de semana!

Silvia respondeu:

— Aliás, as reuniões estão acontecendo em um fim de semana sim e outro não, ou seja, a cada quinze dias. Pelo que sei, os encontros estão bem movimentados, com muitos assuntos em debate.

Eu falei:

— Como você sabe, estou chegando agora. Não sei nada do que se passa por lá! Você poderia nos dar algumas orientações ou mesmo informações sobre o que acontece nessas reuniões?

Silvia, muito prestativa, explicou:

— Eu nunca participei também. Eu moro em Nova York e faço tudo daqui.

— Ah, sim, agora me lembro que me contou e o George me informou também – respondi.

Silvia continuou:

— De acordo com o que me foi passado pela advogada e mesmo por alguns clientes, existem muitas questões polêmicas que ensejam debates acalorados. Muita emoção! É um clima tenso, de muita dor emocional. Os familiares choram a toda hora e a revolta pelo que aconteceu é muito intensa! Existem muitos assuntos a serem debatidos. Além das indenizações, existe o inquérito policial para apurar o(s) culpado(s), que é um assunto pelo qual eles têm obsessão. E com razão, diga-se de passagem.

— Eu também teria a mesma fixação se tivesse perdido uma pessoa ligada a mim – falei. – Deus me livre!

Silvia continuou:

— E há outros assuntos, como o tratamento psicológico de que eles precisam, o fato de quererem que a TAM siga pagando os encontros e tantas outras situações que os afligem.

Refleti por alguns segundos sobre o que seria a reunião e falei:

— Silvia, realmente deve ser uma reunião com um clima muito pesado, e também com muitas situações dramáticas...

Silvia interrompeu e disse:

— Bem, Eduardo, você e a Vívian irão às quatorze e trinta, na sexta-feira, e retornarão na segunda ao meio-dia. Ficarão no mesmo hotel da reunião. Em seguida, estará tudo no seu e-mail. Qualquer dúvida, me chame. Boa viagem e boa sorte!

Finalizei:

— Obrigado, Silvia.

CAPÍTULO 11

REUNIÃO DA AFAVITAM

ENFIM, A SEXTA-FEIRA chegou.

Lá estávamos eu e Vívian embarcando para São Paulo para enfrentar uma nova fase de nossas vidas. Disso eu tinha convicção!

Pegamos um táxi no aeroporto de Congonhas e fomos direto para o hotel onde se reunia a Afavitam. Era final de novembro de 2007, e a Afavitam se reunia pela quarta ou quinta vez desde o acidente.

Já eram umas dezessete horas quando subimos e deixamos as malas no quarto. Tomados pela ansiedade em ver o que aconteceria no hotel, descemos e perguntamos na recepção onde seria a reunião no dia seguinte. A recepcionista indicou que o local ficava à esquerda da entrada do hotel. Era um longo corredor e, no meio, à esquerda, havia uma imensa porta para um grande salão de convenções.

Eu e Vívian abrimos a porta e vimos umas trezentas cadeiras já posicionadas; na frente, um cenário que indicava que haveria um ou mais palestrantes ou coisa parecida. Fiquei imaginando o que se passaria no dia seguinte.

Saímos dali, fomos ao *shopping* e, depois, retornamos ao hotel. Demoramos para dormir, pois estávamos na expectativa do encontro na manhã seguinte.

Às oito da manhã, quando já estávamos tomando café da manhã, vimos uma grande quantidade de pessoas usando camisetas brancas (gola redonda e manga curta) com fotos estampadas das vítimas que tinham falecido no acidente. Acima da foto, havia sempre alguma frase, como, por exemplo: "minha filha amada e o nome da vítima".

Era bem emblemático! Mais de cem pessoas, entre homens, mulheres, crianças, jovens e velhos, circulavam no salão do café da manhã com as camisetas. Poucos não vestiam a camiseta; dentre estes, é claro, eu e Vívian.

Saindo do restaurante, já percebemos grande movimentação no *hall* do hotel e na entrada do setor próximo à reunião. Havia umas quatro mesas lado a lado, com uma pessoa em cada, para cadastrar os que ingressavam no encontro. Tudo muito organizado.

Eu e Vívian nos cadastramos como advogados. Tivemos que informar, detalhadamente, o nome da vítima e dos familiares de quem tínhamos procuração. Recebemos o respectivo crachá e nos dirigimos ao salão da reunião.

No corredor, foi impactante! Ambas as paredes estavam preenchidas com inúmeras fotos, cartazes, frases e imagens vinculadas às vítimas e ao acidente.

Quando chegamos ao auditório, dobrando à esquerda no corredor e abrindo uma porta grande – onde havia um segurança e uma pessoa com camiseta branca controlando o acesso –, tivemos uma grande surpresa. No espaço lateral, tanto direito quanto esquerdo, nas paredes largas do auditório, havia, além de cartazes colados, cavaletes com fotos e cartazes das vítimas e de seus familiares. Era realmente um cenário de muita emoção!

As pessoas choravam em diversos momentos. Abraçavam-se umas às outras, solidarizando-se na dor. Ficamos com o coração partido.

O evento era todo organizado pela Afavitam, associação que tinha diretoria constituída pelo seu presidente e por mais quatro diretores, cujos trabalhos eram comandados por meio de seu presidente. Toda a diretoria era composta por familiares que perderam seus entes queridos no acidente.

Havia uma pauta elaborada com antecedência, que era distribuída no início do evento para os participantes. Os temas daquele fim de semana eram bem diversificados. Havia assuntos ligados ao inquérito policial – que despertava grande interesse nos familiares (com toda razão) e serviram para apurar as causas do acidente e seus culpados –, atendimento psicológico aos familiares, questões junto ao INSS, dentre outros.

Tudo isso transcorria entre crises de choro, abraços emotivos e comentários nostálgicos, por vezes, com raiva do destino – ou melhor, raiva dos possíveis culpados da tragédia. Era difícil se conter diante do que se via naquele imenso salão!

Ao meio-dia, os trabalhos foram interrompidos para o almoço, com previsão de retorno às quatorze horas. Era uma multidão saindo do salão em direção ao fim do corredor, que desembocava no *hall* do hotel e, em seguida, chegava ao local do almoço, que era o mesmo do café da manhã.

Nesse horário e trajeto, começamos, eu e Vívian, a conversar com as pessoas. Começamos efetivamente a nos ambientar com os familiares e nos tornar conhecidos.

Vívian estava enturmada com algumas senhoras que contavam quem eram seus parentes mortos e sobre a vida deles. Eu estava falando com várias pessoas, disposto a observar tudo o que acontecia ao meu redor para entender um pouco mais do que realmente se passava.

Sentamos a uma mesa com outras pessoas durante o almoço. Eram duas famílias de vítimas do voo. Uma mãe e uma filha, que haviam perdido um filho e irmão de 28 anos. A outra família era constituída por um senhor magro, alto, com cerca de 55 anos, uma mulher de quarenta e poucos, que parecia ser sua esposa, e um outro homem, com 32 anos, acho, um pouco mais baixo. Esses três haviam perdido a filha e a irmã. Todos os membros das duas famílias estavam muito abatidos!

Durante o almoço, conversamos sobre as questões da reunião e eles estavam muito atentos ao desdobramento do inquérito policial. No meio da conversa, resolvi me apresentar e também a Vívian, é claro. Todos se mostraram muito educados. A primeira família estava um pouco introspectiva. Já em relação à família do pai, mãe e filho, senti que se criou uma sintonia entre nós.

Após terminarmos de almoçar, permaneci conversando com o sr. Henrique Moreira, sua esposa Claudia e seu filho, Carlos Moreira. A filha do sr. Henrique, enteada de Claudia e irmã de Carlos, chamava-se Simone e tinha trinta anos de idade. Ela viajara a Buenos Aires para realizar uma entrevista de emprego em uma ONG e estava retornando para o Rio de Janeiro, onde morava. O voo da TAM era uma conexão.

Antes de adentrar novamente no corredor que ia para o salão-auditório, para a segunda parte da reunião, fomos juntos descansar nas poltronas do *hall* de entrada do hotel. O sr. Henrique tirou de um envelope as fotos de Simone. Era uma jovem bem bonita. Tinha os cabelos longos, olhos castanhos, cabelos em tom escuro e um rosto angelical. Ele segurava aquelas fotos e comentava o quanto ela estudava e se dedicava ao Direito. Sim, Simone Moreira era advogada. Minha colega.

De repente, o sr. Henrique ficou com os olhos marejados, e começou a chorar. Carlos, que estava em pé atrás dele, se agachou para abraçar o pai. Claudia também abraçou ternamente o marido. Foi uma cena bem tocante. Com a voz embargada, o sr. Henrique falou:

— Ela era tão jovem, dr. Eduardo... Tão cheia de vida...

Foi quando o sr. Henrique se emocionou ainda mais, suas lágrimas brotaram de seus olhos voluptuosamente. Carlos voltou a abraçar ainda mais forte seu pai.

Eu me contive para não desabar também. Assim como Vívian, que observava aquela cena, com olhar de profunda comoção. Nessas horas, não tem o que se dizer. Procurei pensar rápido em algo para falar que fizesse sentido, mas não foi fácil.

— Meus sinceros sentimentos pela Simone. Imagino a dor de sua perda. Se eu puder ajudar com algo...

O sr. Henrique falou, tentando se recompor:

— Vamos ver... Quem sabe.

Foi quando Claudia comentou:

— Vamos nos falar antes de encerrar a reunião.

Fiz sinal de positivo com o polegar. Abraçado com Claudia e Carlos, o sr. Henrique foi caminhando em direção ao corredor do auditório.

Dei um tempo junto com Vívian. Foi quando ela exclamou:

— Meu Deus! O homem está sofrendo muito! Coitado!

E comentei:

— Acho que nem conseguimos imaginar o quanto... Vamos indo para a reunião.

Sentamos em cadeiras mais distantes no período da tarde e nos concentramos nos debates sobre os temas da pauta da reunião.

Notei três homens sentados lado a lado, mais à direita de onde eu e Vívian estávamos. O que se sentava no centro das três cadeiras estava com um *notebook* no colo e parecia estar conectado direto na internet. Os outros dois tinham alguma semelhança física, pareciam irmãos. Percebi que, por um momento, também estavam nos observando.

Em torno das dezesseis e trinta, iniciou-se o intervalo para o *coffee break*. Eu e Vívian esperamos um pouco para sairmos do auditório e acabamos cruzando com os três homens.

O do meio olhou para mim e falou:

— Vocês também são advogados?

Respondi:

— Sim. Muito prazer. Meu nome é Eduardo e o dela, Vívian.

O mesmo que me havia abordado disse:

— Muito prazer. Eu sou o Nelson.

Nelson apontou para o mais alto, falando:

— Este é o Reinaldo.

Depois apontou para o que tinha menos altura e disse:

— Este é o Arnaldo.

— Vocês trabalham juntos? – perguntei.

— Sim. Temos escritório aqui em São Paulo. E vocês?

— Temos escritório em Porto Alegre.

Foi quando Reinaldo indagou:

— Ah... agora me lembro. A Silvia comentou comigo que vocês estariam aqui hoje na reunião. Vocês entraram agora?

Respondi:

— Foi. Pelo jeito, vocês também estão com os norte-americanos?

Arnaldo, que ainda não havia falado, disse:

— Estamos, sim. E tem a Raquel junto com o seu Lázaro. Vocês a conhecem?

Vívian respondeu:

— Sim, conhecemos a Raquel em Porto Alegre. O sr. Lázaro não conhecemos.

Reinaldo falou:

— Ele é o pai dela. Trabalham juntos. Foram os primeiros advogados a trabalhar com os norte-americanos.

Nelson interrompeu:

— O *seu* Lázaro não é advogado. Ele é corretor de imóveis.

Enquanto falávamos, nós nos aproximávamos do *coffee break*. Com uma xícara de café na mão, Reinaldo observou:

— Segundo ele conta, o *seu* Lázaro foi o primeiro a contatar o escritório do Masry & Vititoe, logo após o acidente. Depois, eles vieram e fecharam com ele e a Raquel. É o que ele conta, não sei foi bem assim.

Vívian resolveu intervir:

— É mesmo?

— Ele ajuda a Raquel na conversa com as famílias – Nelson falou. – É bastante experiente! Bem mais velho. Fica tudo em família.

Vívian continuou:

— Eu não vi a Raquel aqui até agora. Vocês a viram?

— Acho que, desta vez, ela não veio, pois tinha que cuidar da filha pequena dela – Reinaldo respondeu.

Vívian disse:

— Não sabia que ela tinha filhos.

— Sim, ela tem uma menininha de um ano – continuou Reinaldo. – A mãe da Raquel é quem cuida mais. Eles moram no interior do Rio Grande do Sul. Neste fim de semana, a mãe da Raquel ficou doente e ela teve que ficar para cuidar da filha.

— Sei... – comentei. – Mas garanto que, exceto esse fim de semana, ela deve ser bem presente.

Arnaldo logo respondeu:

— Nem me fale! A primeira a chegar e a última a sair.

— Foi o que pensei – continuei. – E me digam, o pessoal dos Estados Unidos não comparece? O Jim e o George?

Reinaldo logo respondeu:

— Vêm, sim! Eles aguardam o momento mais certo. Não é em toda reunião que eles estão aqui.

— Certo – continuei.

E fui prosseguindo na conversa com os colegas paulistas:

— Vocês estão há muito tempo neste caso da TAM?

— Estamos há mais de um mês trabalhando – respondeu Nelson.

— O que estão achando?

Reinaldo tomou a palavra e disse:

— Olha, dr. Eduardo...

Interrompi Reinaldo na hora:

— Por favor, sem "doutor", Reinaldo!

— Ha-ha, está certo, Eduardo – ele respondeu, sorrindo. – Olha, estamos aqui para propor para as famílias que ingressem com o processo indenizatório nos Estados Unidos, em Miami. Contudo, Eduardo e Vívian, não é nada fácil! Algumas pessoas nos olham como se fossemos uns urubus, sabe? Parece piada, mas não é não. Alguns nos cortam, de cara, logo quando vamos começar a conversar. É só dizer que você é advogado e está ali para falar sobre indenização que algumas pessoas (é claro, não são todas!) falam que não querem dinheiro. Querem o parente que perderam! Aí, você fica perdido...

Então, interrompi para falar:

— Que situação, hein?

E Nelson falou:

— As coisas são bem difíceis aqui, viu, Eduardo?

— Pois é. Estou vendo... Mas as pessoas têm alguma aversão ao processo nos Estados Unidos? Falam o que sobre isso?

E Reinaldo respondeu:

— Como te falei, quando a gente consegue avançar na conversa, eles questionam bastante. Querem saber se não vai dar problema, pois o acidente aconteceu no Brasil; quanto é a indenização nos EUA; se é mesmo mais alto o valor do que no Brasil; se o processo vai demorar muito tempo, etc. E assim vai...

Vívian pensou e perguntou:

— Quantos clientes vocês têm?

Nelson pensou um pouco e respondeu:

— Estamos com três casos.

— Ah, é? E a Raquel e o pai? – Vívian prosseguiu.

Nelson permaneceu com a palavra do grupo dele e respondeu:

— A Raquel? Deve ter uns nove ou dez!

Espantado, comentei:

— Sério? É um número bem expressivo!

Desta vez, Reinaldo tomou a palavra e disse:

— Sem dúvida, Eduardo. Mas, veja bem, sem tirar o mérito da Raquel e do pai, o fato é que estão trabalhando desde o começo. Foi o primeiro escritório de advocacia a atuar junto às famílias. Eram somente eles e os norte-americanos fazendo isso.

Foi quando indaguei:

— Mas, espere aí. Vai me dizer que não havia nenhum outro escritório de advocacia do Brasil trabalhando?

Reinaldo respondeu:

— Certamente que tem outros escritórios de advocacia atuando, mas junto aos norte-americanos, não! E foram os primeiros a virem aqui nas reuniões da Afavitam, já viajaram horrores Brasil afora atrás de familiares, e assim foi.

Acenei com a cabeça e falei:

— Entendi.

— Com os norte-americanos, primeiro foi a Raquel, depois nós e agora vocês! – Nelson falou.

E Arnaldo complementou:

— Você sabe, Eduardo... quem chega primeiro, via de regra, sempre leva vantagem. Foi o caso da Raquel.

— Certamente – falei.

Em seguida, retornamos ao auditório para assistir à última parte do evento. Os debates prosseguiram até as dezenove e trinta daquele sábado.

Quando estava saindo do auditório, entrando no corredor, percebi que o sr. Henrique, Claudia e Carlos estavam encostados na parede. Acabamos trocando olhares e sugeri de conversamos mais um pouco junto ao café. Sentamos os quatro em uma mesa pequena e redonda, e logo o garçom trouxe os cafezinhos. Vívian estava no *hall* do hotel falando com umas senhoras e duas meninas.

Depois que o garçom deixou os cafezinhos, o sr. Henrique deu o tom da conversa:

— Pois é, Eduardo, você sabe que moro em Campos, no Rio de Janeiro.

— Ah é? – respondi. – Não sabia, sr. Henrique.

Foi quando Carlos interveio:

— Estivemos conversando eu e o pai. Ainda não temos advogado para tratar da indenização. Falando com você, pensamos em fazer o seguinte. Temos um amigo da família que é advogado e mora lá em Campos. Sempre nos aconselhamos com ele sobre questões jurídicas. E, assim, Eduardo, se você concordar, gostaríamos que fosse até a nossa casa, em Campos, e faríamos uma reunião com o nosso amigo para tirarmos as dúvidas.

O sr. Henrique colocou:

— Veja, Eduardo, não estamos colocando em dúvida sua capacidade. Não é isso! Queremos a opinião dele, a qual sempre ouvimos em ocasiões que envolvam processos e coisas jurídicas.

Eu não me senti nem um pouco chateado ou ofendido com a posição da família Moreira e prontamente respondi:

— Não se preocupem. Eu compreendo a situação. Posso expor a questão do processo para o amigo de vocês, meu colega, sem problemas.

E Claudia falou:

— Que bom, Eduardo. E me diga uma coisa, até que dia você vai ficar aqui em São Paulo?

— Vou embora só na segunda – respondi.

E Carlos, olhando para o relógio, falou:

— Vou ligar para o dr. Sérgio, nosso amigo advogado, para agendarmos uma reunião com nós todos, ok?

— Fechado, Carlos! – respondi. – Quando seria? De repente, pode ser no fim de semana que vem. O que você acha?

Carlos olhou para o pai e respondeu:

— Acho que pode ser. Vou confirmar com o dr. Sérgio e lhe retorno. Se não for hoje ainda, amanhã no café da manhã... ou até meio-dia. Pode ser?

— Sim, claro. Você tem meu cartão, onde consta o número do celular.

— Pode deixar. Vou falar com ele e até amanhã, no máximo, vou lhe dar retorno.

— Ok – respondi. – Vou aguardar.

E nos despedimos.

O sr. Henrique saiu do hotel com a Claudia e o Carlos. E eu fiquei pensando na reunião com a família Moreira. Nunca fui de contar com as coisas antes de elas acontecerem, mas senti firmeza com eles!

Estava louco para contar à Vívian as novidades. Saí do hotel e fiquei na calçada da rua. Ela me viu sozinho e percebi que tratou de finalizar a conversar. Assim que Vívian se aproximou, contei sobre a família Moreira e a possível viagem a Campos. Ela se animou com a notícia e também relatou os novos contatos que estavam surgindo com as suas conversas.

Depois da conversa na calçada, convidei Vívian para comermos uma pizza. Afinal, São Paulo também é a capital da pizza. Estávamos agitados com tanta novidade, e o jantar serviu para descontrairmos.

No dia seguinte, por volta das nove horas, já estávamos tomando café da manhã. Ainda haveria uma pequena programação naquela manhã de domingo. Era uma missa em homenagem às vítimas em uma Igreja próxima do hotel.

Estava atento para ver o sr. Henrique, Claudia e Carlos. Quando achei que não os veria ali no café, pois o ônibus estava prestes a sair, Carlos me chamou e falou:

— Eduardo, tudo certo. Vamos nos encontrar no sábado que vem em Campos. Falei com o dr. Sérgio e ele concordou. Depois da missa, falaremos mais. Pode ser?

— Tudo certo – respondi. – Vou esperar aqui para acertarmos os detalhes da nossa reunião.

CAPÍTULO 12

DESAFIO

CHEGANDO A PORTO Alegre, na segunda à tarde, fui direto para o escritório e Vívian foi para a sua casa. Trabalhei naquela tarde organizando alguns prazos e debatendo com Tarcísio sobre alguns processos.

Por volta das dezessete horas, Silvia ligou para mim e foi logo dizendo:

— O que acharam da reunião, você e Vívian?

— Nunca imaginei uma situação daquelas. É bem forte! Muita emoção!

— Vão se acostumando... – Silvia respondeu. – Esta foi a primeira de muitas reuniões.

— É, estou sabendo.

— E parabéns para vocês dois. Logo na primeira reunião, já agendaram viagem com uma família.

— Aconteceu uma sintonia com a família Moreira depois que expliquei toda a situação jurídica – respondi.

— Então, veja aí se concorda, enviei para o seu e-mail uma sugestão de viagem a Campos. Não tem muita opção. Vocês descem no Rio de Janeiro e vão com um avião pequeno para Campos, na sexta agora. Já reservei o melhor hotel da cidade por uma noite. Acha que precisa de mais tempo, Eduardo?

— Acredito que não. Marquei reunião no sábado às nove e meia. Vai ser ótimo. Outra coisa, Silvia: tenho uma grande amiga que mora no Rio de Janeiro e quero muito visitá-la. Gostaria de retornar na segunda à noite, sem nenhum custo adicional para você.

Silvia respondeu:

— Sem problema. Você quer eu marque a sua volta e da Vívian para a segunda à noite?

— Isso. Pego um avião no sábado à noite de Campos para o Rio e ficarei no apartamento da minha prima no Rio de Janeiro até segunda à noite.

Silvia, sempre atenciosa, respondeu:

— Vou fazer essa alteração agora e já envio para o seu e-mail. Você só confirme se está ok via e-mail mesmo, certo?

— Maravilha, Silvia! Muito obrigado pela atenção!

Silvia era um doce:

— Imagine – disse ela.

Em seguida, liguei para a Vívian e comuniquei-a sobre o agendamento. Seria a nossa primeira viagem por conta desse trabalho da TAM, no sentido de visitar famílias.

Ao longo daquela semana, que acabou bem mais curta, trabalhei no escritório em casos do cotidiano. Vivian já estava bem integrada. Procurei deixá-la mais voltada para os assuntos relacionados com o acidente da TAM.

Assim, ela interagiu mais com a Silvia, principalmente, que nos enviou uma relação completa da lista das vítimas. Vívian passou para mim a lista, que era a seguinte:

- *162 passageiros (duas crianças de colo)*
- *25 funcionários da empresa (dos quais 6 eram tripulantes: 2 comandantes e 4 comissários)*
  - *Total de pessoas a bordo da aeronave: 187*
- *12 pessoas no prédio da TAM Express (ao lado do aeroporto, estando 1 no posto de gasolina)*
  - *Total de vítimas: 199 pessoas*

Vívian me mostrou a lista de todos os nomes dos passageiros, com idade, profissão, estado civil, se tinham filhos e, em alguns casos, algumas fotos. Realmente, ler aquela relação com os detalhes de cada uma das vítimas causava uma sensação pesada de imensa tristeza. Eu imaginava quantos filhos perderam seus pais, as mães que perderam seus filhos, maridos que perderam esposas, esposas que perderam maridos, irmãos e amigos perdidos. Cada nome ali tinha sua história de vida e, certamente, muita gente estava sofrendo com a ausência de seus entes queridos.

Era o que o trabalho estava mostrando para mim. Eu e Vívian, bem como os outros advogados que estavam trabalhando naquele caso, iríamos inevitavelmente mergulhar na vida das vítimas e de suas famílias. Essa era a sensação que eu tinha depois da reunião em São Paulo. E esse era o desafio daquele trabalho!

Aquela semana demonstrou como tudo seria dali em diante. Por mais que eu me esforçasse, não conseguia dar a mesma atenção aos meus processos anteriores ao trabalho da TAM. Ressalto que nunca perdi prazo, nem fui relapso com os clientes e seus processos, mas a verdade é que o assunto TAM me absorveu de tal forma que dominava meus pensamentos e até mesmo as conversas.

Muito embora Marlene e Tarcísio não estivessem tão por dentro dos assuntos da TAM, a curiosidade deles era grande. Eu percebia que o assunto os fascinava. Não havia manhã ou tarde que um deles não me perguntasse algo a respeito. Comecei a ver que Marlene e Tarcísio tinham orgulho em comentar com as outras pessoas que o escritório atuava em favor das famílias no acidente da TAM. No prédio em que ficava meu escritório, já havia alguns colegas que sabiam, e não tinha sido por mim.

É claro, foi o maior acidente da história da aviação brasileira e o segundo maior da América Latina. Não há como não falar desse acidente, ainda mais quando se está envolvido diretamente com ele.

CAPÍTULO 13

VIAGEM A CAMPOS

NA SEXTA-FEIRA, PELA manhã, embarcamos para a cidade do Rio de Janeiro. Chegamos após o meio-dia e, em seguida, pegamos um voo de conexão para a cidade de Campos. O avião com destino a Campos era incrivelmente antigo – Meu Deus –, ele tinha hélice!

Ao entrarmos e nos sentarmos na aeronave, contei 24 lugares, sendo duas poltronas de cada lado, e vimos um homem fazendo o sinal da cruz e rezando com muita concentração.

Quando o avião finalmente decolou, um barulho ensurdecedor vinha do motor. Era impossível conversar! E balançava muito. O homem que rezava ficou uma hora – o tempo o voo – em sua meditação. E não era para menos.

Graças a Deus, chegamos. Que sufoco! Não via a hora de descer daquele avião.

O calor era insuportável! Era início de dezembro, portanto, o verão já aparecia com certa força.

Eu resido em Porto Alegre, embora viaje frequentemente. Gosto de minha cidade, mas acho seu clima o pior possível! No inverno, é muito frio. E no verão, no alto verão, é um "Forno Alegre", como chamam a cidade nessa época, literalmente.

Até hoje, o lugar que me fez passar mais calor que Porto Alegre foi a cidade de Campos. Quase indescritível! Faltava o ar.

Ainda assim, quando anoiteceu, resolvemos desopilar e fomos à academia do hotel. Em seguida, jantamos na churrascaria do hotel também.

No dia seguinte, acordamos cedinho e repassamos o material da reunião. Levamos o *folder* do escritório Masry & Vititoe, os modelos de contratos e de procuração, além de outros documentos com informações. Tudo estava impresso em uma pasta do escritório estadunidense. Após o café da manhã, fomos para a casa da família Moreira.

Era uma casa antiga, estilo tradicional, com tudo muito bem conservado. Estavam todos da família. O sr. Henrique, a Claudia, o Carlos e o Thiago, o irmão mais novo de Simone, com quinze anos de idade, que não estivera antes em São Paulo.

Logo nos foi apresentado o amigo e advogado da família, dr. Sérgio, muito calmo e educado. Sentados em poltronas na sala de estar da casa, comecei explicando o porquê de a ação judicial ser movida nos Estados Unidos. Ele se mostrou acessível à ideia. Fez alguns questionamentos e eu respondi a todos. Vívian também interveio de vez em quando.

Minha explanação se resumiu em dizer que, no avião Airbus A320 da TAM, havia um cidadão estadunidense, sr. Michael Green, que morava em Miami. Por intermédio da família dele, ingressaríamos com ação indenizatória, e as famílias brasileiras figurariam como um litisconsorte, em uma analogia com o direito brasileiro (*Civil Law*).

Expliquei também que o sistema estadunidense é o *Common Law*, sistema jurídico anglo-saxão, baseado nos precedentes judiciais, na jurisprudência, e muito diferente do nosso, que tem como base no sistema romano-germânico. O *Common Law* é a mais ágil! A Justiça estadunidense não é lenta como a brasileira. Relatei que estive em Miami e Los Angeles, junto com a Vívian, e conheci os escritórios de advocacia que iriam trabalhar no caso. Repassei ao dr. Sérgio como é mais rápida a Justiça estadunidense. Em média, o processo leva, no máximo, dois anos.

Relatei ainda que os estadunidenses têm a cultura do acordo. O índice de acordo nos processos é muito alto. E no nosso, da TAM, era bem provável uma composição amigável. Além disso, o valor das indenizações é bem mais elevado. Até porque, na primeira instância, é um júri popular que julga, ou seja, são cidadãos do povo que avaliam o grau do dano. Sendo assim, são mais sensíveis às vítimas.

O dr. Sérgio ficou bem impressionado com o que informei. Eram novidades, pois, é claro, acidente no Brasil com ação nos Estados Unidos não é um fato que acontece no dia a dia. Embora a preocupação dele e da família Moreira fosse com a demora da Justiça brasileira, esse temor – aliás, deveras sedimentado, pois a lentidão de nossa Justiça é revoltante – acabou por influenciar positivamente na aprovação da proposta de ingresso na Justiça estadunidense.

Percebi que o assunto já havia sido debatido entre eles e que estavam de acordo com a nossa estratégia para o caso. Inclusive, comentei que poderíamos fazer o inventário da Simone, caso entendessem ser interessante. E, assim, após uma hora, passamos às formalidades. Vívian ligou o *laptop* e preencheu o contrato e a procuração de todos.

Foi tranquilo. Realmente, desde o princípio, houve uma confiança da família Moreira em nós. E, no início da tarde de sábado, estávamos nos despedindo deles com a concretização da contratação. A nossa sensação era de dever cumprido.

E mais, também tínhamos a mais plena convicção de que aquele era o melhor caminho, não desrespeitando as outras opções. Efetivamente, tínhamos essa convicção, e com certeza isso foi transpassado para a família Moreira.

Partimos de Campos contentes, rumo de volta à cidade do Rio de Janeiro, onde encontraríamos minha amiga (a ex-esposa do meu primo Luís). Yeda era uma pessoa extraordinária. Ela sempre fez questão de me receber em seu apartamento, na rua Joaquim Nabuco, em Copacabana. Seu atual marido, Antônio, também sempre foi receptivo, além de seus filhos, o Lu e a Dudi.

Ainda no sábado, repassei para a Silvia as informações relacionadas à família Moreira. E, em conversa com a Vívian, ainda no Rio de Janeiro, resolvemos que, assim que chegássemos a Porto Alegre, iniciaríamos os telefonemas para os familiares das vítimas.

Sem dúvida, o êxito na contratação junto à família Moreira nos motivou ainda mais para procurar novas famílias, muito embora estivéssemos em desvantagem em relação aos escritórios de Raquel e de Nelson, Reinaldo e Arnaldo. Meu escritório era novo no caso; e eu estava começando a me apresentar no meio. Eles já estavam há mais meses trabalhando no caso, já eram conhecidos das famílias e, certamente, já haviam ligado para elas e participado de outras reuniões da Afavitam.

Por outro lado, os dois escritórios já haviam tido oportunidades de captar famílias em vários momentos. Eu e Vívian abordaríamos as mesmas famílias com quem eles já tinham conversado, as quais, por algum motivo, não quiseram fechar contrato. Talvez, porque conceitualmente elas não quisessem ingressar na Justiça estadunidense; talvez, porque fossem mais conservadoras. Não sabemos ao certo.

E assim, após a primeira reunião da Afavitam que participamos e ao retornar de Campos, eu e Vívian constatamos isso tudo e visualizamos um grande desafio neste início do trabalho. A tarefa seria mais dura do pensávamos.

PARTE 2
A DOUTRINA

CAPÍTULO 14

COMMON LAW

PARA PROPOR UM processo judicial nos Estados Unidos e com todo o ineditismo e a responsabilidade que o caso requer, percebi que eu teria que estudar o funcionamento do sistema jurídico daquele país.

Além de ter realizado a viagem para Los Angeles e Miami para conhecer os escritórios de advocacia estadunidenses, também senti a necessidade de saber como era o andamento dos processos no sistema dos EUA. Conversando com os advogados de ambos os escritórios, Masry & Vititoe e Podhurst Orseck, constatei uma realidade jurídica infinitamente superior.

Nos Estados Unidos, os processos duram, em média, um ano! É inacreditável para nós, advogados brasileiros, mas é verdade. Contudo, é bom ressaltar que o processo judicial é curto em termos de tempo. A jurisdição no *Common Law* torna o processo curto.

Dentre o que pude conhecer, o que mais me impressionou foi a cultura do acordo. Todos os processos, ou quase todos, acabam dessa forma. Eu li sobre processos de milhões de dólares que se encerraram em menos de um ano em função de as partes acordarem. A cultura do acordo predomina em grande escala entre os advogados, juízes, promotores e mesmo entre as partes.

Além disso, nos EUA, muitos conflitos nem ingressam no Judiciário; são resolvidos entre as quatro paredes dos escritórios de advocacia estadunidenses. E, uma vez que entra no Judiciário estadunidense, raramente o processo dura mais de dois anos.

Diante dessa realidade, eu me aprofundei no estudo do sistema estadunidense de Direito. É importante destacar que, no Direito ocidental contemporâneo, existem dois grandes sistemas ou famílias[1]: o sistema romano-germânico, como alguns doutrinadores denominam, que tem sua origem na Europa Continental e está ligado ao Direito romano; e o sistema *Common Law*[2], que está ligado ao Direito inglês e, com algumas exceções (a Escócia é um exemplo, pois está vinculada ao *Civil Law*), aos Direitos dos demais países de língua inglesa.

A expressão *Common Law*, dentre outros conceitos, é designativa de um sistema jurídico em que uma das fontes primárias do Direito é a decisão ou o precedente judicial.

O conjunto das decisões (*Case Law*[3]) vinculadoras do julgamento de casos futuros constitui o Direito Comum, aplicável preferencialmente em relação às normas estabelecidas de forma abstrata em leis ou outros diplomas emanados de órgãos com competência legislativa.

Como afirma o notável André Gustavo Corrêa de Andrade[4], a característica desse sistema, portanto, é a criação do Direito pelo juiz (*judge-made Law*), em contraposição ao Direito estabelecido por órgão não integrante do Poder Judiciário.

O grande jurista estadunidense da Suprema Corte dos EUA, Oliver Wendell Holmes Jr.[5], afirma que o sistema estadunidense é mais orientado pela experiência do que pela lógica. Isso não significa que, sob o sistema de *Common Law*, a solução dos conflitos de interesse não seja comandada pela razão, mas, sim, que a razão seja extraída mais dos fatos e da experiência do que de regras abstratas e gerais preestabelecidas. O raciocínio indutivo prepondera sobre o dedutivo.

René David[6] expõe: "Para construir o sistema de Direito, no qual se analisa o *Common Law*, foi necessário, para cada questão, procurar a solução mais conforme a razão, e um elemento determinante para descobrir esta solução foi o desejo de assegurar a coesão das decisões de justiça, o que supõe inevitavelmente um certo recurso à lógica".

---

1 DAVID, René. *Os grandes sistemas do Direito contemporâneo.* São Paulo: Martins Fontes, 2002. p.19.

2 *Common Law* é traduzido corretamente como "direito comum".

3 Conjunto de casos julgados que forma o corpo de leis em uma determinada jurisdição.

4 ANDRADE, André Gustavo Corrêa de. *Dano moral & indenização punitiva.* 2.ed. rev. e ampl. Rio de Janeiro: Lumen Juris, 2009. p.170.

5 HOLMES, Oliver Wendell, Jr. *The Common Law.* New York: Barnes & Noble, 2004. p.9. No original: "The life of the law has not been logic; it has been experience".

6 DAVID, René. *Os grandes sistemas do Direito contemporâneo.* São Paulo: Martins Fontes, 2002. p.19.

A questão é que, no sistema de *Common Law*, a ausência de um conjunto pormenorizado de regras escritas impulsiona o julgador à busca de soluções solidamente fundadas na razão e na argumentação. Assim, é clássica a citação de Edward Coke[7]: "A razão é a vida do Direito; mais ainda, o *Common Law* nada mais é senão a razão". Nesse sentido, pode-se afirmar que a grande marca do *Common Law* é o pragmatismo.

O doutrinador André Gustavo Corrêa de Andrade[8] assegura, *in verbis*: "O precedente, por não constituir uma regra abstrata, mas uma regra intimamente ligada aos fatos que lhe deram origem", não engessa o Direito como usualmente imaginam os juristas dos países da família romano-germânica. A falta de um conjunto sistematizado de regras escritas confere grande plasticidade ao sistema de *Common Law*, no qual é frequente o emprego de argumentos de princípio.

Já nos países de família romano-germânica, em que prepondera o Direito escrito, pretende-se, sob o signo da segurança e da previsibilidade, regular todos os aspectos da vida social por meio da formulação de regras gerais e abstratas previamente elaboradas. Esse é o sistema que se convencionou chamar de *Civil Law*, em que o apelo à razão usualmente se dá sob a forma de interpretação de fórmulas abstratas e gerais para a aplicação a casos concretos com pouquíssima margem para lacunas a serem preenchidas pelos juízes que, na busca da solução justa, se veem enormemente limitados pelas balizas preestabelecidas pelo legislador.

Nesse propósito, no *Common Law*, predomina que a regra do precedente traz mais segurança para as relações jurídicas, na medida em que permite antecipar o entendimento judicial a ser dado a um determinado conjunto de fatos, quando fatos idênticos ou análogos foram submetidos à decisão anterior. Acredita-se que um conjunto de precedentes obrigatórios confere consistência ao sistema jurídico e alimenta o sentimento de justiça porque permite que dois casos idênticos ou similares em seus aspectos fáticos sejam tratados da mesma maneira.

---

7 COKE, Edward. *The first part of the institutes of the laws of England*. London: R. Pheney & S. Brooks, 1923. Apud STEVENSON, Burton Egbert. *The home book of quotations:* classical and modern. 10.ed. New York: Dodd, Mead, 1967. p.1079. No original: "Reason is the life of the law; nay, the common law itself is nothing else but reason".

8 ANDRADE, André Gustavo Corrêa de. *Dano moral & indenização punitiva*. 2.ed. rev. e ampl. Rio de Janeiro: Lumen Juris, 2009. p.171.

É importante salientar que o precedente somente é obrigatório (*binding precedent*[9]) em se tratando de decisão anterior proferida por um tribunal (*appellate court*) em relação a um órgão judicial de primeiro grau, ou proferida por um tribunal superior em relação a um inferior. Nos EUA, as decisões proferidas por tribunais federais geralmente constituem precedente obrigatório para as cortes estaduais. Entre órgãos judiciários de igual hierarquia, os precedentes não têm força obrigatória, mas meramente persuasiva (*persuasive precedent*)[10], o mesmo ocorrendo com decisões de uma corte estadual em relação a órgãos judiciários de outro estado.

São denominados *leading cases* os precedentes considerados especialmente importantes, seja porque regularam pela primeira vez uma questão ou porque trouxeram balizamentos importantes para ela. Servem de guia para advogados e juízes no julgamento de determinadas matérias e são frequentemente citados nos casos subsequentes.

No caso do sistema romano-germânico, como o Brasil, a jurisprudência que tem força meramente persuasiva é, comumente, citada pela sua ementa.

Na invocação de um julgado, dá-se grande importância à parte dispositiva, pouco à sua fundamentação e quase nenhuma às circunstâncias de fato subjacentes. No sistema de *Common Law*, o *precedente* é examinado em seu conjunto. Cumpre distinguir, de seu inteiro teor, aquilo que lhe é essencial, ou seja, a determinação da regra de Direito (*holding* ou *ratio decidendi*) que deverá ser seguida no futuro daquilo que lhe é incidental e que, por não se relacionar diretamente com o caso, não tem força obrigatória.

É importante destacar que os Estados Unidos, diferentemente da Inglaterra, possuem uma Constituição escrita, datada de 1787, e acrescida de diversas emendas. Muitas de suas disposições sofreram importantes mudanças de interpretação ao longo dos anos para adaptá-las à evolução social.

Cada um dos cinquenta estados estadunidenses goza de relativa autonomia e possui sua própria Constituição. Nesse sentido, o estado de Louisiana, em decorrência da histórica influência francesa e espanhola sobre a região, é o único estado estadunidense a adotar o sistema *Civil Law*.

---

9 Também denominado *authoritative precedent*, o *binding precedent* é definido como "um precedente que uma corte deve seguir", de acordo com o *Black's Law Dictionary*, p.1195.

10 "Um precedente que uma corte pode tanto seguir quanto rejeitar, mas que é credor de respeito e cuidadosa consideração", de acordo com o *Black's Law Dictionary*, p.1195.

CAPÍTULO 15

PUNITIVE DAMAGES

UM DOS FATORES que pode elevar o valor das condenações no sistema *Common Law* é o instituto dos *punitive damages*.

E o que é esse instituto?

Os *punitive damages*[11] constituem um valor variável, estabelecido separadamente dos *compensatory damages* (indenização compensatória), quando o dano é decorrente de um comportamento lesivo, marcado por grave negligência, malícia ou opressão. Caso a conduta do ofensor não seja particularmente reprovável, não há que se falar em imputação de *punitive damages*, conforme preleciona André Gustavo Corrêa de Andrade[12].

Acima de tudo, o objetivo dos *punitive* ou *exemplary damages* é o de punir o ofensor, estabelecendo uma sanção que lhe sirva de exemplo para que não repita o ato lesivo, além de dissuadir comportamentos semelhantes por parte de terceiros.

---

11 A expressão *punitive damages* é impropriamente traduzida entre nós como "danos punitivos" (*daños punitivos*, em espanhol), em caso típico de metonímia, em que se emprega a causa (danos) pela consequência (indenização). Uma tradução mais técnica e fiel ao sentido originário da expressão seria "indenização punitiva". O vocábulo *damages*, no plural, significa indenização. A noção de dano é dada pelo vocábulo *damage*. Com isso, a versão para o português mais adequada é *indenização punitiva*.

12 ANDRADE, André Gustavo Corrêa de. *Dano moral & indenização punitiva*. 2.ed. rev. e ampl. Rio de Janeiro: Lumen Juris, 2009. p.171.

Na esteira da magnífica obra de André Gustavo Corrêa de Andrade[13], destaca-se o *Restatement* (*Second*) *of Torts*[14], § 908(1) de 1979, realçando essa finalidade primordial do instituto: "*Punitive damages* são a indenização, diversa dos *compensatory* ou *nominal damages*, estabelecida contra alguém para puni-lo por sua conduta semelhante no futuro".

É importante destacar um breve histórico desse instituto.

Sua origem remonta a alguns códigos muito antigos, como o *Código de Hamurabi* (mais de 2.000 anos a.C.), o *Código Hitita* (séc. XV a.C.), a *Lei das XII Tábuas* (450 a.C.), o *Código de Manu* (200 a.C.), assim como a *Bíblia*.

A primeira informação da aplicação do instituto dos *punitive damages* remonta ao ano de 1763, no julgamento do caso Wilkes *versus* Wood, na Inglaterra. Tratava-se do conteúdo de uma matéria publicada no jornal *The North Briton*, que publicara um artigo anônimo de conteúdo alegadamente ofensivo à reputação do rei George III e de seus ministros. Em decorrência, Lord Halifax, secretário de Estado do rei, determinou expedição de mandado genérico (*general warrant*), autorizando a prisão dos suspeitos de envolvimento na publicação do artigo, sem os identificar nominalmente. Em razão disso, foram presas 49 pessoas, dentre as quais, o autor do artigo, John Wilkes, inflamado membro da oposição no Parlamento.

Os mensageiros do rei invadiram e reviraram a casa de Wilkes, forçando gavetas e apreendendo livros e papéis privados, sem os inventariar. Wilkes, então, ajuizou uma *action for trespass* contra Mr. Wood, subsecretário de Estado, que havia pessoalmente supervisionado a execução do mandado.

Protagonizou os *punitive damages*, sob o argumento de que uma indenização de reduzido valor não seria suficiente para impedir a prática de condutas semelhantes.

Diante dessa postulação, o júri foi sensível e determinou a condenação em £ 1.000 (mil libras) a título de *exemplary* (utilizado também em lugar de *punitive*) *damages*. Esse valor foi considerado bem elevado para a época.

---

13 Idem.

14 Os *Restatements* são textos doutrinários elaborados por juízes, advogados e professores de Direito integrantes do America Law Institute. Têm considerável influência em julgamentos nas diversas Cortes de Justiça, conforme o *Black's Law Dictionary*, p.1314.

Esse mesmo fato gerou um segundo caso, denominado Huckle *versus* Money. Huckle, um humilde tipógrafo, foi detido com base no mesmo mandado genérico. Também ocorreu uma condenação em *punitive damages*, bem relevante para época, no valor de £ 300 (trezentas libras), o equivalente a trezentas vezes o salário da vítima.

Nos EUA, os *punitive damages* começaram a ser utilizados no julgamento do caso Genay *versus* Norris, em 1784. Tratava-se de um duelo de pistolas, prática comum na época para resolver conflitos pessoais. Antes do duelo, o réu convidou o autor para beber e fazer um drinque de reconciliação. No entanto, de forma enganosa, o réu colocou um ingrediente venenoso na bebida do autor, causando-lhe uma dor insuportável. Em razão disso, a Corte considerou que o autor fazia jus aos *exemplary damages*.

Nessa esteira, em 1791, no caso Coryell *versus* Colbough[15], foram estabelecidos *punitive damages* com função exemplar em ação fundada em quebra de promessa de casamento.

Ainda assim, até 1830, os julgados não tinham fixado em bases sólidas a função dissuasória dos *punitive damages*, que eram ainda frequentemente empregados com motivação compensatória.

Após, em 1851, a Suprema Corte dos Estados Unidos deliberou que constituiria princípio bem estabelecido do *Common Law* a imposição pelo júri, em ação de indenização e em todos os casos de responsabilidade civil, a utilização dos *punitive damages*.

Mesmo na Inglaterra, o instituto de *punitive* ou *exemplary damages* consolidou-se, em 1964, por meio do julgamento do caso Rookes *versus* Barnard, que fixou a aplicação do referido instituto.

Convém destacar que os *punitive damages* alcançam praticamente todos os tipos de *tort* (dano). No campo da responsabilidade civil de produtos e fornecedores, o instituto dos *punitive damages* é muito utilizado nas decisões judiciais em razão dos produtos defeituosos. São os casos dos dispositivos contraceptivos intrauterinos, implantes de silicone, asbesto e tabaco. O meio jurídico tem plena

---

15 Alguns doutrinadores, como Schluelter e Redden, apontam este como verdadeiramente o primeiro caso da Justiça estadunidense a condenar pelo instrumento dos *punitive damages*. (Ver Schluelter, L.; Redden K. R. *Punitive damages*. v.1. New York: Lexis, 2001.)

consciência de que, graças às decisões que puniram fabricantes, adotando-se os *punitive damages*, os produtos são cada vez mais testados em laboratórios; e os fabricantes, de modo geral, têm uma forte preocupação em colocar seus produtos com qualidade no mercado.

Por fim, no *Common Law*, é consenso, tanto no meio jurídico como na sociedade, que os *punitive damages* atuem em prol do interesse público e social.

CAPÍTULO 16

CASES

EU SEMPRE OUVI que as indenizações na Justiça estadunidense são extremamente altas. E não foi somente eu, é claro. Mesmo no ambiente das reuniões da Afavitam, não só os advogados, mas os familiares também tinham essa ideia.

Acho que muita dessa informação se deve em razão de notícias e de filmes. Pois bem, pude constatar *in loco* no período em que estive nos Estados Unidos.

Eu li vários processos nos escritórios estadunidenses Podhurst Orseck e Masry & Vititoe e pude verificar uma realidade que todo advogado brasileiro gostaria de ter. São processos de curta duração e que acabam em acordo. Sim, têm curta duração porque acabam em acordo, também é verdade, mas é difícil o processo que avança por mais de dois anos.

Nunca esqueci do caso do pastor de uma igreja dos Estados Unidos que estava em um pequeno avião que caiu no deserto do Texas, já relatado por mim aqui. O fato de ele ter mais de dois mil seguidores e a cultura dos *punitive damages* ensejaram um acordo de dez milhões de dólares. O processo não tinha cem folhas.

Outro fator fundamental nas indenizações estadunidenses é a presença da apólice do seguro. Todas as empresas têm uma apólice com valor. É regra! E lá, diferentemente daqui, as seguradoras pagam as apólices. Aqui, é necessário ingressar na Justiça para obrigar as companhias seguradoras a honrarem seus contratos.

Todavia, seguindo em frente, posso enumerar alguns dos casos mais famosos de indenização no *Common Law*. Sem dúvida, tenho que começar pelo *Coffee case*.

COFFEE CASE

Este é um caso que repercutiu em todo o país. A imprensa estadunidense explorou e fantasiou esse processo em vários programas de televisão[16], seriados famosos[17] e muitas reportagens em jornais e revistas.

Em 27 de fevereiro de 1992, Stella Liebeck, uma balconista de 79 anos que trabalhava em tempo integral em uma loja de departamentos, estava sentada no banco do passageiro do carro de seu neto, Cristopher Tiano, quando resolveram parar no *drive-thru* de uma das lojas da rede McDonald's, na cidade de Albuquerque, estado do Novo México, para comprar um café por US$ 0,49 (quarenta e nove centavos de dólar).

Concluída a compra, Cristopher parou o carro no estacionamento para que sua avó, Stella, pudesse adicionar açúcar e creme. O veículo era um Ford Probe, que não possuía porta-copos e, então, Stella resolveu colocar o copo preso entre suas duas coxas e, assim, estaria com as mãos livres para abrir a tampa do copo.

No momento em que ela estava girando a tampa do copo, o café vazou e caiu no colo de Stella. Como consequência, a senhora de 79 anos teve queimaduras de segundo e terceiro graus na região interna das coxas, no períneo, nas nádegas, na região genital e na virilha. Ela permaneceu internada em um hospital por uma semana e, posteriormente, ficou mais 21 dias em tratamento domiciliar sob os cuidados de sua filha.

Stella sofreu perdas significativas de sua pele e ficou com cicatrizes permanentes, além de perder vinte porcento de seu peso. As imagens das queimaduras[18] de Stella são terríveis e, em razão delas, o júri foi muito sensível à dor da senhora.

Em 12 de março de 1993, o advogado de Stella, Reed Morgan, ingressou com o processo judicial contra o McDonald's.

No fulcro da ação, estão a imprudência e a negligência da empresa em vender um café extremamente quente e com falhas na embalagem. O café servido estava entre 180 e 190°F (82 a 87°C), sendo que geralmente a temperatura média é de 135 a 140°F (57 a 60°C). Eram 40 a 50°F a mais do que o normalmente servido.

---

16 No *talk-show* da franquia "The Late Late Show", criado por David Letterman.

17 *Os Simpsons* também lhe dedicaram parte da abertura de um episódio, no qual o personagem Bart deve escrever na lousa frases de conteúdo pedagógico como punição pelo seu comportamento reprovável, e a escolha foi: "Eu não ajuizarei lides temerárias".

18 As imagens das queimaduras de Stella são facilmente acessadas via "Google Images", a partir dos argumentos "Stella Liebeck injuries" ou "Stella Liebeck burns".

Embora a cultura do acordo predomine no meio jurídico estadunidense, dessa vez, não se sabe por quê, a empresa não aceitou a proposta de US$ 11.000,00 do advogado de Stella. A contraproposta da McDonald's foi de US$ 800,00.

No dia 18 de agosto de 1994, o júri, composto por seis homens e seis mulheres, condenou a empresa em US$ 160.000,00 por *compensatory damages*.

Após um caloroso debate, os jurados consideraram que o comportamento do McDonald's havia sido temerário, negligente, malicioso e propositado, prestando um suporte para condenação em *punitive damages*.

Com esse fundamento, o júri sentenciou em US$ 2.700.000,00 a título de *punitive damages*, quantia correspondente à venda de café na rede mundial do McDonald's no período de dois dias.

Posteriormente, o juiz da causa, Robert H. Scott, reduziu o valor em *punitive damages* para US$ 480.000,00, mantendo o valor de US$ 160.000,00 a título de *compensatory damages*. Assim, o total de indenização alcançou o valor de US$ 640.000,00.

Com possibilidades de recursos para ambas as partes, foi fechado um acordo, ao final, com cláusula de confidencialidade, na frente de um juiz conciliador. Aliás, naquela época, já existiam juízes conciliadores, o que somente agora está acontecendo, de forma tímida, na Justiça brasileira.

MER/29 *CASE*

Os *punitive damages* alcançaram um destaque maior, como descreve em obra notável o doutrinador André Gustavo Corrêa de Andrade[19], no julgamento de dois casos envolvendo a comercialização, pela empresa Richardson-Merrell, do medicamento MER/29, indicado para redução do colesterol, mas que, como se descobriu, produzia efeitos colaterais, dentre os quais, o surgimento de catarata nos olhos dos usuários. A droga, que foi administrada em aproximadamente quatrocentas mil pessoas, rendeu para o fabricante, Richardson-Merrell, cerca de US$ 7.000.000,00 e gerou 490 casos de catarata relatados.

Os dois julgamentos tornaram-se *leading cases*[20]. O primeiro foi de Roginsky *versus* Richardson-Merrell. O júri condenou a empresa fabricante a pagar US$

---

19 ANDRADE, André Gustavo Corrêa de. *Dano moral & indenização punitiva*. 2.ed. rev. e ampl. Rio de Janeiro: Lumen Juris, 2009.

20 *Leading cases* são precedentes importantes que se formam na Justiça estadunidense, conforme descrito no Capítulo 14.

17.500,00 como *compensatory damages* e US$ 100.000,00 em *punitive damages* ao autor da ação, vítima do efeito colateral do medicamento. Contudo, a Corte de Apelações reformulou a decisão, excluindo os *punitive damages*. A fundamentação principal dessa exclusão, pelo relator da Corte, foi a de que não havia evidências suficientes de um comportamento do fabricante que desse ensejo ao estabelecimento de uma indenização de caráter punitivo. Também foi colocado que, em razão da imensa venda do medicamento, haveria a possibilidade de advir um grande número de ações de indenizações de caráter punitivo, o que certamente levaria a empresa à falência. Tal argumento foi bastante contestado na época.

Cerca de dois meses depois, foi julgado o segundo *leading case*, Toole *versus* Richardson-Merrell. Toole, o autor da ação, fora vítima de catarata em um dos olhos com efeito colateral decorrente do uso da droga. O fabricante do medicamento foi condenado pelo júri a pagar US$ 175.000,00 de *compensatory damages* pela lesão sofrida pela vítima e US$ 500.000,00 adicionais a título de *punitive damages*, reduzidos estes últimos pelo juiz para US$ 250.000,00.

No julgamento, considerou-se que houve malícia por parte da empresa, que sabia que o produto não era seguro, pois testes realizados previamente em animais teriam demonstrado o desenvolvimento de catarata. Além disso, o fabricante teria distorcido relatórios submetidos à FDA (Food and Drug Administration) e deixado de advertir os usuários quanto aos riscos inerentes à utilização do medicamento. A Corte de Apelações confirmou os *punitive damages*, rejeitando as razões anteriormente apresentadas no *case* Roginsky.

Assim, o *case* Toole *versus* Richardson-Merrell é considerado um marco na indenização punitiva em situação de responsabilidade objetiva (*strict liability*) pelo fato do produto (*product liability*).

FORD PINTO *CASE*

Este caso também teve enorme repercussão na mídia estadunidense da época.

Em 28 de maio de 1972, a senhora Gray, acompanhada do jovem de treze anos de idade, Richard Grimshaw, dirigia seu automóvel Ford Pinto por uma estrada do tipo *freeway*, quando o veículo, após uma troca de faixa, repentinamente enguiçou. O carro que vinha imediatamente atrás desviou, mas o seguinte (um Ford Galaxie) não conseguiu evitar a colisão com a parte traseira do Ford Pinto. No momento do impacto, o Ford Pinto pegou fogo e o seu interior ficou tomado pelas chamas. De acordo com o laudo de peritos, o impacto causou ruptura no tanque de combustível, que vazou para o compartimento de passageiros. Ambos os ocupantes do veículo sofreram sérias queimaduras. Quando saíram do veículo, suas roupas estavam quase completamente queimadas. A senhora Gray morreu poucos dias depois, em consequência de uma parada cardíaca causada pelas fortes queimaduras sofridas. O adolescente Richard conseguiu sobreviver após um intenso tratamento e inúmeras cirurgias e tratamentos de pele. Ele perdeu partes dos dedos de sua mão esquerda e parte de sua orelha esquerda, e sua face precisou de vários enxertos extraídos de seu corpo. Grimshaw teve marcas permanentes das queimaduras em todo o corpo.

Os herdeiros da senhora Gray e os familiares de Richard ingressaram com processo indenizatório contra a Ford Motor Company.

O júri condenou a Ford a pagar os seguintes valores: para Richard, a título de *compensatory damages*, US$ 2.516.000,00; para os herdeiros da senhora Gray, a título de *compensatory damages*, US$ 559.680,00; e para ambos, a título de *punitive damages*, o valor de US$ 125.000.000,00.

No entanto, em grau de recurso, o juiz considerou excessivo o valor fixado a título de *punitive damages* e reduziu para US$ 3.500.000,00, o que, por fim, acabou confirmado pela Corte de Apelações da Califórnia.

PARTE 3
RELATOS FINAIS E O DESFECHO

CAPÍTULO 17

PRESIDENTE DA TAM

QUANDO CHEGAMOS EM Porto Alegre na terça-feira – depois de termos folgado na segunda-feira no Rio de Janeiro –, de pronto, na caixa de e-mail, já estava a convocação para a nova reunião da Afavitam para o próximo mês.

Era um e-mail de Silvia, que, além de informar sobre a reunião, já sugeria voos para estarmos na sexta-feira à tarde em São Paulo, pois haveria nova movimentação.

Fiquei pensando que seria bom para nós chegarmos mais cedo, pois precisávamos conversar com as famílias, já que, por causa do ingresso tardio do meu escritório no caso da TAM, necessitávamos de todo o tempo que pudéssemos para abordar os familiares.

Também começamos a telefonar, eu e Vívian, para a lista de familiares que a Raquel havia nos entregado. Eram conversas bem difíceis de se manter. Para muitos, o lado emocional – e com razão – bloqueava o assunto jurídico-indenizatório.

Eu e Vívian deveríamos ter bastante habilidade para contornar uma resistência inicial. Apesar de toda a dor, era inevitável o enfrentamento da questão jurídica; não tinha como fugir disso.

De toda sorte, acabei desenvolvendo uma linguagem peculiar para falar com os familiares, de forma que não os magoasse e, ao mesmo tempo, os fizesse entender toda a questão jurídica. Alguns demonstraram vontade de nos encontrar na reunião da Afavitam, no fim de semana em São Paulo. E assim decorreram os dias, até embarcarmos para São Paulo.

Chegamos ao hotel perto das quatorze horas da sexta-feira. Naquela tarde, já havia começado a movimentação na entrada do corredor que dava para o auditório. O credenciamento já estava sendo efetuado e a movimentação era intensa.

Eu e Vívian colocamos rapidamente a mala no apartamento e descemos para o auditório. Já na fila do credenciamento, vimos *seu* Pedro e dona Ligia, pais de André. Vieram conversar conosco e estavam muito abatidos. Eram pessoas introspectivas; só não sei se já eram assim antes do acidente.

Ficamos conversando sobre o que envolvia o acidente. Logo, dona Ligia começou a falar de seu filho André. Contava como ele tinha sido enquanto criança, depois como adolescente. Falou bastante da vida escolar do filho. Relatou que com treze anos de idade ele era muito estudioso e responsável, apresentava boas notas e gostava de estudar.

Naquele momento, *seu* Pedro quis começar a contar a vez em que ensinou André a andar de bicicleta, e desatou a chorar. Era muito comovente ver a dor daquele pai cujo filho falecera de maneira tão trágica. Dona Ligia pediu licença e levou *seu* Pedro para um local mais reservado do hotel, e tratou de ampará-lo. Ficamos nos olhando, eu e Vívian. Não tinha como não nos afetar.

Após finalizarmos nossa inscrição e pegarmos nosso crachá, seguimos circulando pelo ambiente da reunião. Depois da primeira, há quinze dias, já éramos rostos conhecidos para boa parte dos presentes. E começamos a reconhecer as famílias e sermos também cumprimentados. Vívian conversava com a sra. Nívea, que havia perdido a filha Cintia; percebi que estavam envolvidas na conversa. Também acabei conversando com outros familiares.

Às dezenove horas, todos se encaminharam para o auditório e se sentaram para começar a reunião.

O presidente da Afavitam deu início aos trabalhos. Agradeceu a presença de todos, leu toda a pauta que estava prevista para aquele encontro e desejou uma boa reunião a todos, ressaltando os ideais da Associação: vida – verdade – justiça.

Fiquei surpreso quando ele anunciou que o então presidente da TAM estaria presente no sábado à tarde. Eu realmente não sabia. Sem dúvida, aquele era o tema principal da reunião.

Logo, avistamos a Raquel e o pai dela, que ainda não conhecíamos. Após a apresentação do presidente da Afavitam, Raquel e seu pai vieram até nós e ela falou:

— Oi, Vívian e Eduardo! Que bom vê-los. Este é o meu pai, Lázaro.

Eu estendi a mão para cumprimentá-lo e Vívian fez o mesmo. Era um senhor baixo, de óculos, devia ter uns 65 anos, acredito.

Raquel continuou:

— Vocês estiveram aqui na reunião passada, certo?

— Sim, estivemos – respondeu Vívian. – Você não veio, Raquel?

— Não pude. Tenho uma filha de um ano de idade. E, dessa vez, minha mãe não pôde ficar com ela. Então, não tive como vir.

Lembrei-me de que Raquel havia me dito que tinha uma filha pequena de um relacionamento já desfeito.

Ela continuou:

— E o que vocês estão achando daqui?

— Olha, Raquel, a verdade é que estamos impressionados com tudo o que acontece – respondi. – É como se fosse uma ilha.

O pai de Raquel se manifestou pela primeira vez, perguntando:

— Como assim, ilha?

Respondi, com o atento e surpreso olhar de Vívian:

— Este é um local, quero dizer, uma situação na qual as pessoas estão vivendo única e exclusivamente este drama do acidente da TAM. Aqui ninguém fala de futebol ou de política, a não ser aquela relacionada com o acidente. Contar piada, nem pensar. As mulheres não se preocupam em se arrumar com esmero. Todos estão 100% preocupados com as questões envolvendo o acidente, o inquérito policial que investiga as causas do acidente, em achar o culpado ou os culpados.

Continuei:

— E, vejam, não estou criticando ninguém por isso! Não sei o que eu faria se perdesse um ente querido em um desastre desses! Mas, é um mundo à parte! As pessoas choram abraçadas umas às outras. Aliás, a solidariedade entre as famílias é impressionante! Se tem algo de bom nisso tudo, acho que é o sentimento de amizade, de calor humano, de preocupação das pessoas umas com as outras. É realmente muito emocionante! Até faz a gente acreditar no ser humano.

Raquel, sr. Lázaro e Vívian ficaram muito atentos ao que falei.

E Raquel falou:

— Isso porque você chegou há pouco, Eduardo. Ainda tem muita coisa para acontecer e para você presenciar.

Pensei e falei:

— Só o que vi até aqui já me marcou bastante!

Acabamos saindo do local após essa conversa. Todos comentavam sobre a presença do então presidente da TAM, recém-colocado no posto, o sr. David Barioni Neto. Assim, finalizou-se aquela noite de sexta-feira.

Era janeiro em São Paulo. Sinônimo de muito calor! Para ser mais preciso, era dia 19 de janeiro de 2008, um sábado.

Acordei de manhã, um tanto agitado. Com base no ocorrido na noite anterior, aquele seria um longo dia!

A reunião estava prevista para começar às nove horas da manhã. Naquele sábado, o hotel estava lotado de familiares, todos novamente com as camisetas brancas estampadas com fotos de seus entes queridos. Era uma verdadeira multidão! No corredor que dava acesso ao auditório, era quase impossível caminhar. Acredito que tinha o dobro de pessoas da reunião anterior.

Na entrada do auditório, vi a família Moreira: sr. Henrique, o filho Carlos e o outro filho menor, Thiago. A sra. Claudia não viera desta vez. Havíamos nos falado uma semana antes e, assim, tão-somente nos cumprimentamos.

Seu Pedro e dona Ligia também já estavam se acomodando.

Logo encontramos os advogados Nelson, Reinaldo e Arnaldo. No meio do aglomerado de pessoas, conversamos rapidamente.

Nelson disse:

— De todas as reuniões que aconteceram, esta é a que tem mais gente. Nossa, está muito cheio.

Eu e Vívian novamente nos surpreendemos com a parede do auditório repleta de fotos e cartazes e com os inúmeros cavaletes, tudo com fotografias das vítimas. Eram fotos de jovens moças, jovens rapazes, senhoras, senhores, enfim, pessoas de ambos os sexos, de todas as idades. Embaixo da foto ou ao lado, havia frases semelhantes às das camisetas, do tipo: "Nós sempre vamos te amar", "Nunca esqueceremos de ti", "A TAM matou meus filhos".

Estava começando a reunião daquele sábado, com foco maior no andamento das investigações das causas do acidente. Os discursos e os trabalhos eram bem coordenados pela diretoria da Afavitam.

Naquela manhã, muitas pessoas falaram em sequência. Em vários momentos, um familiar pedia a palavra (o microfone sem fio circulava entre os presentes), levantava-se e começava a expor suas ideias sobre determinado assunto. Invariavelmente, quem falava começava a se emocionar e acabava aos prantos, sendo consolado por algum conhecido que estava ao seu lado. Muitos pediam o microfone para contar como era seu familiar. Falavam como sua vida estava ceifada sem a presença daquela pessoa.

Nunca mais me esquecerei de uma senhora que perdeu sua única filha e sofreu um derrame, que fez sua boca se entortar quase até a orelha. Relato a história a seguir.

O casal morava em São Paulo e tinha uma filha adolescente. Por convites recebidos pelo pai, mudaram-se todos para Porto Alegre. Decorrido já um breve tempo da mudança, a filha pediu para passar as férias de julho em São Paulo com suas amigas de lá. Depois de muita insistência, os pais permitiram que ela viajasse para São Paulo para ficar uma semana na casa da família de uma amiga. Justamente no dia 17 de julho de 2007, a adolescente estava viajando para começar seu período de férias em São Paulo. O mais desconcertante é que, por causa do acidente, o casal sentiu remorso por ter realizado a mudança para o Rio Grande do Sul. A esposa culpava o marido. E ambos não aceitavam a realidade de forma alguma! A mãe ficou completamente abalada e, assim, sofreu um derrame, ficando com sua boca literalmente para um lado da face. É uma reação do corpo ao trauma, parte do estresse pós-traumático.

Conforme eu e Vívian convivíamos com as famílias, íamos tomando conhecimento de suas histórias e seus dramas.

Durante o almoço, conheci um advogado – que iria se tornar um grande amigo e um nome muito respeitável no meio das indenizações –, o Carlos Alberto Menezes. Conversamos bastante e percebi que ele era bem experiente em indenizações por acidente aéreo; inclusive, atuara no outro acidente da TAM de 1996.

Alberto, como ele pediu que eu lhe chamasse, contou-me sobre o caso de 1996. O acidente ocorreu no dia 31 de outubro de 1996. O avião Fokker 100 da TAM decolou do aeroporto de Congonhas com destino ao Rio de Janeiro. Caiu 24 segundos depois, cerca de dois quilômetros adiante, sobre oito casas da Rua Luís Orsini de Castro, no Jabaquara, zona Sul da cidade de São Paulo. Morreram 96 pessoas que estavam no avião entre passageiros e tripulantes, e mais três pessoas em solo.

Por ter atuado como advogado de famílias no processo indenizatório, Alberto disse-me que tudo foi bem complicado. Como sempre, a Justiça foi lenta, além de ter enfrentado inúmeras outras dificuldades.

Após a conversa com Alberto, era o momento de observar atentamente os debates do período da tarde. Por motivos óbvios, estavam todos muito mais agitados naquele dia. Foram feitos muitos relatos das vidas das vítimas, e a revolta era grande por parte dos familiares.

Por volta das dezenove horas, o então presidente da TAM, David Barioni Neto, entrou no auditório. Ele aguardou aproximadamente um minuto e então o presidente da Afavitam anunciou a sua presença e o convidou para ir ao "palco", junto dele. David foi caminhando; notamos um homem alto, com quase 1,90 de altura, cabelos grisalhos, que usava óculos e aparentava ter cerca de cinquenta e poucos anos.

Depois de pronunciar mais algumas palavras, o presidente da Afavitam passou o microfone para David. O então presidente da TAM, que havia sido comandante na própria empresa, afirmou que conhecia muito bem toda a sua estrutura e quis prestar a sua solidariedade às famílias, enaltecendo os sentimentos de pêsames que ele nutria por todos os presentes.

Os familiares estavam tensos. O clima era de grande atenção e em ebulição! Eu percebia o sentimento de revolta no ar.

Contudo, por dever de Justiça, não posso deixar de registrar a coragem de David Barioni Neto. Afinal, ele compareceu para dar alguma explicação – mesmo que não tenha agradado a muitos – e, com essa atitude, entendo que foi um sinal de respeito para com as famílias.

Após esses minutos especiais de introdução, David começou a ficar um tanto hesitante diante de algumas colocações dos familiares. Algumas pessoas contestaram sobre o fato de a TAM não ter autorizado a aeronave pousar em Guarulhos. Essa atitude foi muito difundida na época; ouvia-se a justificativa de que a TAM não autorizara o pouso no aeroporto de Guarulhos em razão dos custos que teria com o deslocamento dos passageiros. David, é claro, negou isso veementemente.

No entanto, já estava estabelecido o debate mais acirrado. Várias outras questões foram arguidas, cada vez com mais ênfase. Os familiares questionavam como ele podia explicar a capacitação técnica dos pilotos, além da questão do treinamento no uso dos manetes (alavancas que controlam a aceleração do voo) que os pilotos da TAM teriam feito de forma equivocada (após o pouso do avião Airbus A320, ocorreu o aceleramento da aeronave, em vez da frenagem).

David já estava se esquivando em responder mais objetivamente. Começaram a surgir algumas vaias e apupos para ele. As pessoas estavam se inflando de raiva!

De repente, um pai se levantou de sua cadeira, que estava bem no meio do auditório (com toda a sua capacidade tomada – cerca de 250 pessoas) e bradou:

— Você matou minha filha!

Naquele momento, David olhou direto para o presidente e os diretores da Afavitam. Imediatamente, um dos diretores dirigiu-se até David, pegou o microfone e pediu um pouco mais de calma. Muitos familiares gritavam e exclamavam frases fortes, como "A TAM destruiu minha vida!".

Nesse clima fervoroso, David balbuciou algo para o presidente da Afavitam e resolveu ir embora. Conforme ele caminhava até a porta do auditório, as pessoas ficavam de pé, perfiladas, acompanhando a sua saída, quase no formato de um "corredor polonês". E, claro, com gritos.

Chegava ao fim a mais tensa e forte reunião da Afavitam da qual participei.

CAPÍTULO 18

REUNIÃO EM PORTO ALEGRE

EM UMA QUINTA-FEIRA, doze dias depois da conturbada última reunião da Afavitam, eu estava em uma audiência em Camaquã, referente a uma partilha de bens, em uma acirrada separação judicial de um casal bem conhecido no município gaúcho.

Camaquã é uma cidade no sul do estado do Rio Grande do Sul, a cerca de 130 km de Porto Alegre. Sua economia é essencialmente agrícola, cuja base é eminentemente o arroz.

Eu viajava muito para lá. Por isso, muitos colegas de lá, quando me viam, começavam a falar sobre o acidente da TAM. Alguns clientes também comentavam, visto que havia saído uma matéria na televisão com entrevistas minhas e de Vívian.

A audiência em Camaquã foi longa, com depoimentos de testemunhas, que começou às 13h30 e foi até às dezesseis horas daquela quinta-feira. Eu saí bastante cansado daquele verdadeiro embate.

Depois de conversar com Laura, minha cliente, e mais duas testemunhas, eu me despedi e fui deixando o foro para trás.

Tirei o paletó e entrei no meu carro. Por ser uma tarde de janeiro no Rio Grande do Sul, era como se eu estivesse dentro de um forno. A temperatura era de 32°C, mas a sensação térmica era de 40°C.

Na estrada, retornando para Porto Alegre, fiquei pensando nos acontecimentos da última reunião da Afavitam, de doze dias atrás. Eu ainda estava impressionado com tudo o que havia presenciado naquele sábado.

Lembrei-me de que, depois que o então presidente da TAM, David Barioni Neto, saiu do hotel, os familiares se aglomeraram em pequenos grupos no *hall* do hotel para debater tudo o que havia acontecido. Muitos familiares com quem eu conversei estavam exaltados. Eles não se conformavam com o fato de a aeronave Airbus A320 da TAM não ter alterado seu pouso para o aeroporto de Guarulhos. Muitos também acharam que o então presidente da TAM não havia sido objetivo nas respostas às indagações. Outros familiares, que estavam na parte de fora do hotel, estavam emocionados, chorando! Aquela tarde sensibilizara demais a todos os presentes.

Pois bem, no fim de semana seguinte à quinta-feira na qual eu estava, a reunião seria em Porto Alegre, no auditório do Hotel Embaixador. Seria a primeira reunião da Afavitam em Porto Alegre, após sete meses do acidente.

Na sexta-feira à tarde, fui ao hotel para ver os preparativos. Muitos familiares já começavam a chegar ao hotel, apesar de a programação começar somente no sábado pela manhã. e para falar com os familiares. Impressionei-me com o número de pessoas que estavam hospedadas para o evento: mais de 120 hóspedes confirmados! Nunca pensei que viriam tantos. O auditório do Embaixador era imenso e o pessoal da Afavitam já iniciava a montagem do cenário com os inúmeros cartazes e cavaletes.

Falei com muitos que estavam ali já presentes, inclusive com a diretoria da Afavitam. Era a terceira reunião que eu participava e já me sentia mais entrosado com as pessoas. Embora fosse somente aos fins de semana, a convivência era muito intensa. Com isso, eu e Vívian já estávamos mais próximos de muitos familiares, com os quais gradativamente desenvolvemos uma relação de amizade.

Encontramos momentaneamente *seu* Pedro e dona Ligia. Estava presente também Carlos Moreira, irmão de Simone.

Resolvi convidar Carlos para jantar em um restaurante comigo e Vívian. Eu já me considerava um amigo da família. De pronto, Carlos aceitou. Ele trocou de roupa e, então, passamos para pegar a Vívian. Sugeri algumas opções e Carlos optou por um lugar em que pudéssemos conversar mais a vontade.

Fomos a um bar mais discreto e não muito barulhento. Depois de beber um chope, comecei a falar um pouco da cidade. Precisávamos quebrar o gelo. Vívian também iniciou outros assuntos mais triviais, mas, é claro, o inevitável logo veio à tona: a vida de Simone!

Carlos falou:

— Eduardo e Vívian, até hoje não há um dia sequer que não me lembre da minha irmã.

Seus olhos estavam ficando marejados. Ele tomou o resto do chope e, com a voz já embargada, prosseguiu:

— Eu amava a Simone! Nem eu sabia que a amava tanto!

Naquele momento, as lágrimas escorreram no rosto de Carlos. Eu e Vívian nos olhamos e também estávamos nos emocionando. Ele queria falar. Percebi que precisava desabafar. E continuou:

— Juro, não é porque é minha irmã, mas ela era bonita, uma linda garota! Era inteligente, era uma amiga para mim! Sempre se preocupando comigo, aliás, com todos da família.

Carlos estava visivelmente em profunda imersão na memória de sua irmã. E continuou desafabando, tentando ter um pouco mais de controle emocional. Tanto é que colocou a mão no rosto para enxugar as lágrimas.

Foi quando Vívian falou:

— Pode se sentir à vontade para nos contar sobre a Simone, Carlos. Desabafe! Chore! Você está entre amigos!

Carlos retomou sua fala:

— Está bem, Vívian. Obrigado. Sabem o que está me deixando ainda mais angustiado?

Fizemos sinal de interrogação com a cabeça, eu e Vívian. Carlos continuou:

— Meu pai está péssimo! Está muito deprimido!

Fico com medo de que aconteça alguma coisa com ele. Sei que ele chora todos os dias! Às vezes, mais de uma vez. E fico preocupado, pois estou no Rio de Janeiro e ele em Campos.

— Ele não tem mais ninguém que o ajude? – perguntei.

Carlos respondeu:

— Tem a Claudia, mulher dele, e meu irmão, que é adolescente, como você viu. Mas, ele não se abre...

Foi quando falei:

— Entendo.

Carlos continuou:

— Estou sabendo, pela nossa empregada de Campos, que é como se fosse da família, que meu pai não está comendo nem dormindo.

Fiquei aflito com o que ouvi. E fiquei pensando no sr. Henrique.

Então comentei:

— Olha, Carlos, é muito triste essa situação. Terrível! Sua família toda deveria fazer terapia. Ajuda muito.

Carlos balançou a cabeça e disse:

— Pois é, têm famílias que estão fazendo. Vou me informar.

E eu disse:

— Pelo que sei, é a TAM quem paga. Você, seu pai e mesmo seu irmão menor deveriam fazer. Veja isso!

Carlos respondeu:

— Vou ver mesmo... Talvez seja uma boa ideia.

Após comermos e conversarmos mais um pouco, saímos do bar e deixamos Carlos no hotel.

Eu e Vívian ficamos muito penalizados com o que ouvimos. Definitivamente, concluímos que é impossível não se envolver emocionalmente com esses clientes em específico, ainda que sejamos profissionais e saibamos que não é recomendado o envolvimento emocional do advogado com o cliente. Na teoria, até pode ser. Mas, na prática, somos todos humanos e temos sentimentos.

***

A REUNIÃO DA Afavitam em Porto Alegre começou às nove horas de sábado. A pauta estava em cima de alguns pontos já permanentes, como o andamento do inquérito policial, a contratação de um advogado para acompanhar esse inquérito, dentre outros assuntos.

Mas, desta vez, havia um ponto colocado que eu achei interessante: a importância do acompanhamento psicológico para os familiares das vítimas. Eu mesmo fazia terapia na época e havia comprovado seus benefícios, portanto, era amplamente favorável a tal procedimento.

No momento de discussão desse tema, uma psicóloga fez uma ampla e interessante explanação sobre o que o estresse pós-traumático causa no emocional da pessoa. Falava, com eloquência, da necessidade que o ser humano tem de desabafar, colocar para fora aqueles sentimentos da dor da perda de seu ente querido. Era necessário chorar!

Isso me marcou para sempre. Aliás, este foi um dos tantos ensinamentos que aprendi com o acidente da TAM e que carregarei para o resto da minha vida. Chorar é preciso! Pode parecer simples isso, mas não é. Muitos guardam a dor emocional da perda dentro de si, não colocam para fora. Fazem isso ou por serem mais introspectivos, ou por terem vergonha, ou por quererem disfarçar na frente dos filhos, por exemplo, para se mostrarem fortes e, assim, passarem a ideia para os demais de seu núcleo familiar de que estão superando as dificuldades, quando, na verdade, estão morrendo por dentro. Fiquei convencido de que a terapia é fundamental para quem sofre um trauma. Aliás, entendo que todos deveriam fazer terapia. Garanto que a sociedade seria menos conflituosa.

Eu diria que, nessa reunião de Porto Alegre, o clima estava um pouco mais reflexivo. No mínimo, não havia aquela atmosfera nervosa e tensa da reunião anterior, a qual girou em torno da presença do presidente da TAM.

Eu e Vívian conversamos com muitos familiares. Ressalto que, novamente, a esmagadora maioria estava com as camisetas brancas que traziam a foto de seu familiar falecido no acidente e a frase acompanhando. E, claro, o auditório do hotel de Porto Alegre também estava repleto de cavaletes e cartazes com fotos e dizeres, assim como em São Paulo.

Conheci uma família em que eram todos irmãos. A vítima somente possuía irmãos, e todos os irmãos homens. Não havia esposas ou filhos. Era uma família diferente das demais. Eles eram extremamente unidos e ficavam muito tempo juntos durante as reuniões. Todos usavam a camiseta branca com a foto do irmão falecido no acidente.

Eu e Vívian também conhecemos a família de um pastor chamado Luiz Antonio Rodrigues da Luz. E esse é um caso à parte, que, aliás, ficou bem conhecido, como exponho a seguir.

Alguns meses antes da tragédia, em abril de 2007, o pastor, em um de seus cultos[21], relatou um sonho que tivera, no qual apareciam muitos corpos mortos e dilacerados, enrolados. Esse relato realmente impressiona, pois, no local do acidente, os corpos das vítimas estavam lado a lado, conforme a descrição que ele fizera de seu sonho.

Os familiares do pastor também eram muito unidos; pessoas simples e muito afáveis. Comumente, além de vestirem a camiseta com a estampa do rosto do pastor, estavam sempre presentes em bom número de integrantes (cerca de dez) e choravam frequentemente. Notamos também que, em quase todas as reuniões, a previsão do pastor Luiz circulava entre os familiares e sempre os impressiona-

---

21 Ver no Youtube : "previsão do pastor Luiz Antonio Rodrigues da Luz", visto em 12/02/2017, na ocasião com 2.848.470 visitações.

vam muito. Eu mesmo assisti muitas vezes ao vídeo; ele certamente passa uma sensação de previsão.

Nesse cenário – bem menos tenso que o anterior –, os debates tomaram o dia todo de sábado e a manhã de domingo, sendo cumprida a pauta proposta. Ao final, já havia sido estabelecida a data da próxima reunião: aconteceria dali a uma semana.

CAPÍTULO 19

OS ADVOGADOS NA REUNIÃO

ATÉ QUE CHEGOU a sexta-feira, dia de outra viagem para São Paulo, para mais uma reunião da Afavitam.

Aquela seria uma reunião diferente, pois haveria um componente novo. Estava agendado um debate em relação aos procedimentos judiciais adotados. Inclusive, os advogados estadunidenses viriam para esclarecer o andamento da ação judicial nos Estados Unidos. Também era esperada a presença de um representante do Ministério Público para explicar o funcionamento da Câmara de Indenização, a qual estava sendo criada naquele momento especificamente para o acidente da TAM.

A reunião, que aconteceu em meados de fevereiro de 2008, começou justamente pela apresentação da Câmara de Indenização, que foi criada pela Defensoria Pública, pelo Ministério Público e pela Fundação Procon, todos do estado de São Paulo, e pelo Departamento de Proteção e Defesa do Consumidor da Secretaria de Direito Econômico, vinculado ao Ministério da Justiça.

Graças a esses órgãos citados, foi instituído um Termo de Compromisso da TAM perante os familiares, que previu as obrigações preliminares da companhia aérea, fixando garantias mínimas de assistência em favor das famílias vítimas do voo da TAM.

Como o acidente da TAM está inserido na responsabilidade objetiva do transportador, prevista no Código do Consumidor, a responsabilidade é, portanto, da empresa aérea. Somente seria discutido o *quantum* para cada família.

Esse Termo de Compromisso, assinado pela TAM e por quem aderiu ao programa da Câmara de Indenização, assegurou que a companhia aérea providenciaria para as famílias: reembolso das despesas com funeral e jazigo; traslado de corpos; assistência inicial básica; disponibilidade de tratamento psicológico; adiantamento de valores de urgência (a serem descontados quando do pagamento final da indenização); e despesas das reuniões da Afavitam (em esquema de consignação). Em relação às despesas dos encontros da Afavitam, estavam inclusas as diárias de hotel para os familiares cadastrados no hotel do evento, as respectivas viagens para aquele fim e as refeições durante o evento.

O Termo de Compromisso também criou um serviço permanente de atendimento telefônico (0800-) e um *website* que seria uma grande fonte de informação.

A proposta era uma solução alternativa de resolução de conflito, que, já naquela época, era uma tendência mundial. A quantidade imensa de processos abarrota o Poder Judiciário há muito tempo; então, a Câmara de Indenização do voo JJ 3054 tinha como objetivo estabelecer uma relação extrajudicial entre as famílias, a TAM e sua seguradora, fixando parâmetros para a indenização.

Obviamente, cada caso tem variação de valor, pois o dano material é medido de acordo com o que a vítima recebia de salário (renda) na época. Na verdade, é um cálculo em que se leva em conta a idade do falecimento e o tempo que falta para completar a expectativa de vida (pela tábua do IBGE).

Já o dano moral é subjetivo, pois é impossível medir ou converter em valores a dor da mãe que perde o filho! Mas, para fins de indenização, é atribuído um valor para essa incomensurável dor. Embora houvesse muitas divergências na jurisprudência da época (e agora também), foi balizado um valor de dano moral para o filho que perde o pai, a mãe que perde a filha, o irmão que perde a irmã e assim por diante.

Esse sistema foi inspirado, certamente, no mais traumático acidente que o mundo viu, conhecido como o "11 de Setembro", quando as torres gêmeas estadunidenses foram tombadas por terroristas em posse de aviões da American Airlines.

Nesse terrível atentado terrorista, morreram 2.753 pessoas, e foi constituído o September 11th Victim Compensation Fund of 2001, que teve a participação do Estado e teve êxito em cerca de 93% dos casos.

Pois bem, a manhã do sábado foi tomada pela exposição desse sistema de Câmara de Indenização. Saímos do salão, eu e Vívian, com lentidão, pois conversávamos com as pessoas a respeito do que havia sido exposto. Como era um assunto jurídico, muitos dos familiares queriam saber sobre a nossa opinião a respeito dele.

Quando adentramos no salão para o almoço, não havia mesa com lugares vazios. Aguardamos em pé na entrada. Olhei ao nosso lado e percebi um casal que também aguardava por lugar. Era um homem alto, grisalho, junto com uma moça mais baixa e mais jovem, morena e com traços indígenas. Senti que o homem estava um pouco agitado e a moça tentava conversar com ele. Mais atrás, estava sozinho um homem de terno e gravata.

Após uns quinze minutos, o *maître* do restaurante nos conduziu para uma mesa redonda, relativamente grande para nós cinco que aguardávamos – eu e Vívian, o casal e o homem de terno. Após sentarmos, o garçom veio fazer o pedido das bebidas (a comida era servida em um *buffet*). Reparei que o senhor que estava junto da moça com traços indígenas se indispôs com o garçom. O homem de terno tentou acalmá-lo. Então, o senhor olhou para o homem de terno e falou em tom meio ríspido:

— Não se meta na minha vida! Acha que sou louco? Não foi você que perdeu dois filhos, uma neta e um genro no acidente!

Eu fiquei sem ação! Vívian olhou para baixo como se não conseguisse segurar o olhar. O rosto do homem de terno ruborizou-se de imediato e, depois de uns segundos, somente balbuciou umas poucas palavras em um volume bem baixo:

— Senhor, me desculpe.

Em seguida, o senhor e a moça se dirigiram à mesa do *buffet*, que ficava no meio do salão, mas relativamente longe de onde estávamos. O homem de terno olhou para mim e Vívian e disse:

— Mas como eu poderia adivinhar?

Vívian resolveu responder, enquanto eu e ela nos levantávamos:

— Pois é...

O homem pareceu desconcertado e disse:

— Vou ver outra mesa... é melhor.

Ficamos os quatro à mesa. Depois de alguns minutos, resolvi puxar conversa. Com certo receio, comecei:

— Meu nome é Eduardo. Esta é a Vívian. Somos advogados de Porto Alegre.

O senhor me mirou fundo. A mulher parecia mais compreensiva e respondeu:

— Olá, eu sou Maria e ele é João Carlos. Moramos em Manaus.

Vívian deu continuidade:

— Ah, sim. É a primeira vez que vemos vocês na reunião. Já vieram outras vezes?

Maria respondeu:

— Viemos, sim, mas não participamos muito das reuniões, não. O João fica mais distante...

Foi quando resolvi colocar:

— Vocês são de Manaus mesmo?

João Carlos, mais calmo, depois de ter tomado duas cervejas, falou:

— Eu sou do interior de São Paulo, Varzinha, e a Maria é de Manaus.

E dei continuidade na conversa.

— Vocês se conheceram em Manaus?

João respondeu:

— Sim. Eu fui a trabalho para Manaus e conheci Maria há 5 anos. Temos dois filhos.

— Que legal, hein, João! – comentei.

E continuamos conversando.

No momento em que João se ausentou para ir ao banheiro, Maria resolveu contar mais. Ela havia se entrosado com Vívian ao longo do almoço. Ela disse:

— A verdade é que João está revoltado pela perda que teve! Ele não se conforma de ter perdido a filha, o filho, a neta e o genro! É claro, ele adorava o genro também. Todo mundo junto... Foi demais para ele!

Vívian falou:

— Meu Deus!

Então, comentei:

— E quanto à indenização?

Maria respondeu:

— Nada. Ele já falou com alguns advogados, mas não se decidiu. Ele se irrita quando fala sobre esse assunto.

Quando João retornou à mesa, tomamos um café e conversei mais um pouco com ele. Convidei-o para assistir aos debates da tarde e ele disse que iria.

Especialmente para o encontro desse fim de semana, vieram os advogados dos escritórios estadunidenses Masry & Vititoe e do Podhurst Orseck para fazerem um discurso. Desde que estivemos nos Estados Unidos, não havíamos conversado de novo pessoalmente com George, Jim e Ricardo.

Eles estavam bem sérios desta vez. E estavam, logicamente, acompanhados do tradutor Wilson.

Logo após o almoço, na volta ao auditório, houve a explanação dos advogados estadunidenses. Primeiro, o dr. Ricardo expôs sobre a técnica da ação judicial que seria interposta em Miami. Eu já estava até cansado de tanto ouvir. Em seguida, George contou sobre os casos de acidente aéreo em que já havia atuado ao redor do mundo. Realmente, foram várias tragédias aéreas em diversas regiões. Segundo o próprio George, ele juridicamente levava o processo para os Estados Unidos porque lá os valores das indenizações eram mais altos. Por último, Jim Vititoe falou de forma rápida. Percebi que ele não gostava muito de falar em público. Atuava mais na esfera pessoal.

Logicamente, as pessoas fizeram muitas perguntas. As dúvidas e as desconfianças existiam entre os familiares, o que era normal. Nos ambientes de morte e tragédia, nos quais se avança muito em como ganhar mais por meio de determinada ação judicial, o clima fica quente. Na verdade, as pessoas, ao final, já estão extenuadas, em frangalhos!

Naquele encontro, na palestra da manhã, foram discutidos assuntos sobre dinheiro e sobre as Câmaras de Indenização, e na da tarde, sobre a indenização via Justiça estadunidense.

Por fim, a reunião foi encerrada sem cumprir todo o seu objetivo. A dosagem entre dinheiro, ação judicial e logística jurídica foi exaustiva demais para aquele público. O presidente da Afavitam retomou a palavra e considerou encerrada a reunião do sábado – mesmo não tendo sido como desejara.

As pessoas estavam um tanto bravas com a situação demonstrada naquele dia. Na verdade, elas tinham uma certa tolerância em falar de processo judicial, de receber dinheiro pela morte do falecido.

Depois que todos saíram do salão, eu e Vívian fomos conversar com os estadunidenses. Eles estavam um tanto surpresos com a situação de contestação e também com os protestos e as interrogações sobre o êxito do processo. Percebi, depois de falar com o Ricardo e também com o George, que eles não estavam muito acostumados a serem contestados em suas teses.

No *hall* do hotel, avistei João Carlos no bar. Ele acenou com a mão e me chamou. Fui até ele. Era um balcão pequeno, com algumas mesas também pequenas na frente. Ele estava na mais distante, bebendo uma cerveja. Falou:

— Sente aí, Eduardo. Tome uma comigo.

— Claro, vamos lá.

E João foi falando:

— Então, você é de Porto Alegre?

— Sim.

— E como você entrou nessa? – perguntou João.

Contei toda a história desde o começo. Ele estava gostando, percebi.

Depois de algumas cervejas, ele me encarou sério e disse:

— Eu te digo, Eduardo. Ninguém perdeu mais do que eu! Não tenho mais a minha filha, o meu filho, o meu genro e nem a minha netinha! – e começou a chorar. As lágrimas estavam correndo no seu rosto. Ele tentava secar com o guardanapo da mesa.

Comentei, meio sem jeito:

— Eu lamento muito, João.

E ele continuou:

— E o Cesar, meu genro, era como um filho para mim! Eu me lembro dele chegando lá em casa para pegar a Silvana para sair. Era um casal muito bonito.

Os olhos dele estavam ficando mais vermelhos e marejados. E, então, João me contou um fato que me marcou profundamente e que jamais esquecerei. Ele fixou de forma incisiva o olhar em mim e disse:

— Você sabe como morreram meus meninos? [assim é que ele chamava os seus entes queridos]

Fiz sinal negativo com a cabeça.

E João continuou:

— Os três morreram de mãos dadas! Estavam lado a lado. Naqueles segundos em que o avião percorreu a pista, os três, meu genro, minha filha e minha netinha de três anos, deram as mãos. E assim morreram! O meu menino, que estava na fileira ao lado, ofereceu a mão para o meu genro.

Ouvir aquilo foi estarrecedor! Somente consegui estender meu braço e colocar no ombro de João. Foi um dos depoimentos mais fortes que ouvi no período em que estive atuando no acidente da TAM.

CAPÍTULO 20

ACORDO I

NESSA ÉPOCA, PARECIA o tempo que voava. Os meses passavam muito rápido. A intensidade com que eu vivia a situação da TAM – viagens para as reuniões e para visitar clientes, incontáveis ligações e um universo de e-mails – acabava em me ocupar mentalmente, e eu não me dava conta dos dias que se iam.

Eu e Vívian, em dois anos de trabalho juntos, perdemos as contas de quantas pontes aéreas fizemos para São Paulo.

O momento, agora, requeria total atenção ao desenlace jurídico do processo estadunidense, além do andamento na Câmara de Indenização e dos acordos isolados de famílias com um ou outro advogado.

O inusitado é que, juridicamente, o que menos aconteceu foi o ingresso de ação judicial na Justiça brasileira. Parece mentira, mas é a mais pura verdade! Pouquíssimas famílias entraram com a ação no Brasil, o que demonstra a grande falta de credibilidade no nosso Poder Judiciário.

No dia 21 de agosto de 2009, uma sexta-feira, quando estávamos em São Paulo para mais uma das reuniões da Afavitam, recebemos a notícia da ação na Justiça estadunidense. A juíza da causa, Marcia G. Cooke, da United States District Court, Southern District of Florida, Miami Division, proferiu *forum non conveniens*, ou seja, ela entendeu que a causa deveria ser julgada no Brasil, local dos fatos. Essa notícia foi um *tsunami* negativo. Como seria possível?

Ao saberem disso, os clientes que não estavam em São Paulo não paravam de ligar. Os que já estavam presentes no hotel vinham afobados até nós – os três escritórios: da Raquel, do Nelson e o meu.

Ficamos atônitos! Não parecia ser verdade! Então, fizemos uma breve reunião entre nós, ainda naquela sexta-feira à noite, pois o assunto tinha explodido de tal forma que não tínhamos como controlar. Foi então que decidimos ligar para o George. Embora ele não fosse advogado, era o mais acessível.

Ele parecia relativamente calmo. Durante a conversa, veio à tona a nossa necessidade de que algum deles viesse a São Paulo imediatamente.

Eu, aliás, sempre dizia que os clientes procuravam por mim aqui no Brasil. Se algo desse errado, era até mim que eles viriam. Afinal, quem iria até Miami, na Flórida, buscar alguma explicação?

George compreendeu de imediato a urgência. Pediu uma hora para nos dar uma resposta. Ficamos aguardando. Entre angústia e ansiedade, George ligou informando que ele e Jim estariam no final da tarde de sábado, no hotel, para dar as devidas explicações. Nos tranquilizamos.

Após finalizarmos essa breve reunião, todos comunicamos aos familiares que haveria uma reunião para discutir a questão no fim da tarde de sábado. Os clientes sentiram-se valorizados.

Eu e Vívian quase não dormimos naquela noite. Eu estava preocupado, é lógico. Não somente eu, todos! Pensei: "Meu Deus, não é possível que, depois de tudo o que já passei, este projeto dê errado! Não pode ser!"

***

NO SÁBADO DEPOIS do almoço, George e Jim chegaram ao hotel. Os dois estavam com belos ternos e rostos cansados de quem havia viajado a noite toda, pois ambos vieram de Los Angeles – bem mais longe do que Miami. Contudo, transmitiam bastante confiança no desfecho do processo.

O burburinho de comentários era grande entre os familiares. Por volta das dezessete e trinta, em outro salão – não naquele em que tinha ocorrido a reunião da Afavitam –, aconteceu o nosso encontro.

Wilson, o tradutor, fez a introdução. Ressaltou que George e Jim viajaram a noite toda para estarem presentes e prestarem os devidos esclarecimentos. Jim Vititoe pegou o microfone, de forma firme, e começou a fazer um arrazoado discurso do que havia ocorrido. Ele explicou tudo o que já havia acontecido até o momento, o trâmite completo do processo e, lógico, a decisão da Corte.

Em síntese, explicou que era possível a juíza não ter autorizado, naquele primeiro momento, que o processo permanecesse nos Estados Unidos, porque, em razão de uma ótica equivocada, esta não considerou o fato de ter um estadunidense no voo. Esse fato era o ponto forte da tese para que o processo fosse julgado em Miami. Após minuciosas explanações, Jim afirmou que tinha certeza de que, em grau de recurso, a ser protocolado em quinze dias, a decisão seria revertida.

Em seguida, disponibilizou-se para perguntas dos presentes, o que não foi fácil! Havia uma desconfiança generalizada, afinal, a primeira decisão do processo havia sido totalmente negativa. Muitas perguntas foram agressivas e bastante ásperas. Na medida do possível, sempre com a excelente tradução do Wilson, Jim era objetivo e respondia sem usar de subterfúgios; isso era visível. As famílias adoravam a forma de ser do Jim e foram se acalmando.

Depois, foi a vez de George. O clima já não estava tão pesado. Ele era um homem elegante e falava com mais retórica do que Jim. Começou contando da sua experiência com outros acidentes aéreos em que atuou, dentro e fora dos Estados Unidos. Falou sobre o recurso e como, em muitos casos, as decisões são modificadas, e por aí afora. Também recebeu perguntas duras. E, então, em um certo momento, ele disse algo novo, que trouxe um sentimento positivo nas pessoas. George falou em possibilidade de acordo!

Eu olhei para Vívian, e todos nós, os advogados brasileiros, nos observamos. Wilson traduzia o que George falava com bastante cuidado. Em outras palavras, ele deixou claro que estava sendo construído um acordo com a TAM ou com sua seguradora. Muitos quiseram indagar sobre valores, principalmente; mas George firmou sua palavra no sentido de que todos aguardassem o desfecho e que não se incomodassem tanto com a decisão de *forum non conveniens*.

Depois daquele encontro, os sentimentos renovaram-se! Tinha sido um sábado lotado de emoções. Estávamos todos exaustos. O cansaço era físico e mental.

George convidou todos para jantar na churrascaria Fogo de Chão, na avenida 23 de Maio, região nobre de São Paulo. Fomos eu, Vívian, Raquel, Nelson, Reinaldo, Arnaldo, Wilson, Jim e George. Os estadunidenses apreciavam muito aquele rodízio de carnes. Realmente, era muito bom! O garçom trazia à mesa verdadeiras iguarias e na quantidade que pedíssemos.

No restaurante, depois de tirar os casacos, afrouxar as gravatas e bebericar uma saborosa caipirinha, Jim falou:

— Acalmem-se todos. Sei que a notícia foi ruim. Haverá recurso. E será bom. Mas, antes disso, acho que faremos um acordo para todas as 77 famílias.

Foi exatamente essa a tradução de Wilson.

George também falou, é claro. Deu o tom de que o acordo sempre havia sido o objetivo daquele caso. Aliás, lá no início de tudo, ele já havia frisado isso.

Acabou sendo uma noite agradável, na qual conversamos até tarde. Se nos lembrássemos de como havia sido o dia anterior e de tudo o que passamos quando saiu a decisão da juíza estadunidense, aquela sensação seria inimaginável.

CAPÍTULO 21

TESTEMUNHAS NOS ESTADOS UNIDOS

A PROPOSTA E a ação nos Estados Unidos angariaram, ao todo, 77 famílias. Foi um bom número, já que o total era de 199 vítimas. Portanto, atingiu quase 40%.

O processo ingressou na Justiça dos EUA, mais precisamente de Miami, com as 77 famílias sendo lideradas pela família estadunidense de Michael Green – o executivo bancário que estava no voo.

Agora, era o momento de ouvir as testemunhas. Era setembro de 2009, e, embora os acordos já estivessem estabelecidos, o processo deveria prosseguir – especialmente a escuta das testemunhas –, em razão de os pagamentos ainda não terem sido consumados.

A informalidade do sistema jurídico estadunidense, característica do *Common Law*, propiciou que fossem ouvidos os depoimentos das testemunhas no escritório de advocacia Podhurst Orseck.

Nas ocasiões dos casos dos meus clientes, viajei para os Estados Unidos, a fim de estar presente e acompanhar tudo mais de perto. Compareci, por exemplo, nos depoimentos de João Carlos e Maria e da família Moreira.

Nos atos, compareciam um servidor da Corte, que digitava todo o conteúdo do depoimento, ou seja, prestava fé pública, como chamamos no nosso ordenamento; e um representante da parte contrária. Todos acomodavam-se diante de uma mesa comprida. O(a) depoente sentava-se no centro de um dos lados da mesa e começava a responder às perguntas. É evidente que, por questões éticas, não cabe aqui relatar o conteúdo dos depoimentos.

O que vale ressaltar, em breves palavras, é que, na forma em que foi feito, o ato transcorreu sem prejuízo algum para o processo. Todos os depoentes puderam se programar e tudo funcionou muito bem. É verdade também que se viajava em um dia e se retornava no outro ou, quando muito, pernoitava-se no máximo duas vezes.

Durante o período de depoimentos, notei que os clientes ficavam um tanto nervosos. As lembranças voltavam com muito mais força! Também ressalto que nem todos os clientes foram depor; muitos se recusaram, como dona Ligia e *seu* Pedro. Para muitos familiares, toda vez que entravam em um avião as recordações se afloravam.

Adicionalmente, registro aqui, embora em poucas palavras, que, foi uma experiência incrível no campo profissional participar da ouvida de testemunhas em um escritório de advocacia estadunidense. Além das emoções envolvidas, foi uma proficiência inovadora e extremamente produtiva. E ainda, no pouco tempo que sobrou, aproveitei para visitar a Corte do estado da Flórida.

CAPÍTULO 22

ACORDO II

DEPOIS DAQUELE SÁBADO memorável – poderia chamar assim –, eu e Vívian retornamos a Porto Alegre.

Hoje, quando me recordo daqueles dias, percebo que não haveria como fugir da realidade da época. Era verdadeiramente impossível voltar à rotina de dois anos atrás, com a qual eu estava acostumado em Porto Alegre!

Os processos do Foro Central da cidade, os de Camaquã, os clientes de Direito de Família e tudo o que cercava minha vida anterior ao acidente da TAM pareciam não fazer mais sentido, confesso. Eu me sentia 100% consumido pelo acidente da TAM.

O universo de acontecimentos na esfera jurídica, acompanhado por tudo o mais, como a vida das pessoas, as reuniões tensas, o drama das famílias, a ansiedade, e pela tensão para que o processo dos Estados Unidos funcionasse, contribuiu muito para que eu me preocupasse diariamente com o seu desfecho.

Eu me perguntava: e se der errado a ação nos Estados Unidos, o que diria para os meus clientes? E se o recurso não for exitoso em relação à decisão do *forum non conveniens*?!

E assim eu levava os dias e as noites...

Até que, decorridos vinte dias da reunião "memorável", fui convocado para ir a São Paulo com urgência para falar com Jim e George, pois eles estavam lá para explicar as condições do acordo.

Quando a Silvia me informou isso, senti um alívio na minha alma! Imediatamente fui à sala de Vívian e contei para ela a novidade. Era uma quinta-feira, e a reunião com Jim e George seria na sexta-feira.

Em seguida, as passagens para mim e Vívian chegaram por e-mail. Viajaríamos na sexta-feira de manhã e, desta vez, ficaríamos em um hotel na avenida Engenheiro Luís Carlos Berrini, próximo de onde George e Jim estariam hospedados.

Na manhã de sexta-feira, cheios de expectativa, embarcamos. Pousaríamos no aeroporto de Congonhas. E devo confessar as minhas sensações durante esse voo especificamente.

Na medida em que o avião se aproximava da pista de pouso, eu pensava nas pessoas que estavam no Airbus A320, voo JJ 3054, do dia 17 de julho de 2007. Tentei imaginar o que elas sentiram. O medo quando o avião pousou. Os gritos quando perceberam que a aeronave não estava freando. Foram 14 segundos desde que o avião pousou até o choque no prédio da TAM. O que deve ter passado na mente daquelas pessoas... Que desespero! E no exato instante em que o avião tocou na pista de Congonhas, veio à minha cabeça a imagem dos três meninos de João dando as mãos! Que angústia!

Olhei para Vívian e a encontrei tensa. Agarrei a mão dela. Notei em vários passageiros um olhar nervoso. Eu aposto o que algumas pessoas mentalizam quando um avião pousa em Congonhas: a lembrança da tragédia. E presumo como deve ser para os familiares das vítimas andar de avião... Ainda mais quando o voo pousa em Congonhas. A dor deles jamais cessará!

Depois dessa tensão, desembarcamos e, finalmente, chegamos ao hotel designado, o Gran Estanplaza Berrini. Era bem mais elegante e chique do que o das reuniões da Afavitam – e ressalto que, logicamente, estava sendo pago pelos estadunidenses. O bairro em que estávamos é uma região nobre da capital paulista; na mesma quadra do hotel que ficamos, há outros três hotéis de luxo, inclusive o Hotel Hilton, onde estavam hospedados Jim e George.

A reunião estava agendada para as dezesseis horas no Hotel Hilton. Para passar o tempo, eu e Vívian almoçamos e passeamos no shopping D&D, também localizado no mesmo quarteirão do hotel que estávamos. Sentíamos uma grande expectativa, bem como agonia e preocupação, por causa da decisão do *forum non conveniens*.

Na hora marcada, dirigimo-nos ao Hotel Hilton. O ambiente da reunião estava muito luxuoso; havia um *buffet* de frios e quitutes para um requintado chá da tarde. Estávamos todos lá. Raquel e seu pai; Nelson, Reinaldo e Arnaldo; eu e Vívian; Jim Vititoe, George Hatcher, Wilson e uma secretária hispânica para ajudar. Havia também mais três pessoas que ajudaram os estadunidenses nos primeiros movimentos no Brasil e que, agora, para a minha surpresa estavam ali.

Desta vez, foi George quem começou a falar. Explicou, de forma pausada, que o acordo estava em gestação havia cerca de quase três meses, e tinha sido um grande esforço atender às 77 famílias. Ressaltou que o acordo nunca iria satisfazer as expectativas das famílias, pois, na verdade, o que elas queriam era seus entes queridos de volta. Mas, ele entendia que, pelo tempo breve em que o acordo havia sido obtido [o acordo aconteceu em agosto de 2009 – *grifo do autor*] e pelo valor bem aceitável, ainda mais quando comparado com a Justiça brasileira, o trabalho de todos podia ser considerado excelente. Também agradeceu bastante a colaboração e o empenho de todos. Sem isso, não haveria êxito, segundo as palavras de George. Tudo traduzido por Wilson.

Após cerca de vinte minutos da fala de George, foi a vez de Jim. Ele estava com aparência de quem não havia dormido, ao menos na última noite.

Como lhe era peculiar, depois de enaltecer a parceria e agradecer a todos, citando um por um dos ali presentes, Vititoe começou a explicar como alcançaram o valor indenizatório para cada uma das famílias. Explicou bastante. Com a intervenção de George por diversas vezes. Além, é claro, da sempre eficiente tradução de Wilson.

Realmente, não foi muito simples a explicação. Em suma, a indenização pertinente ao dano material considerou a expectativa de vida da época (72 anos) e o valor estabelecido foi equivalente a dois terços do salário que a vítima tinha no dia do acidente. Portanto, era um valor específico para cada família. A indenização relativa ao dano moral adotou um critério mais uniforme possível, independentemente se a família perdeu um ou cinco parentes, se eram filhos menores ou maiores, se trabalhavam ou não. O valor pelo dano moral era um só, para todas as famílias.

Mais adiante, descobri que não foi exatamente assim que tudo ocorreu. Houve algumas distorções. Todavia, o valor foi justo.

Ao final dessas explanações, solicitaram que aguardássemos a entrega de uma lista para cada escritório de advocacia com os valores indenizatórios de cada núcleo familiar.

Passamos o final da tarde e a noite inteira debatendo com Jim e George uma série de questões e detalhes. Já era bem tarde quando nos foi repassada a lista com os valores. Juntos ainda, ficamos analisando a lista até quase de manhã. Também era incumbência do escritório de advocacia brasileiro informar aos seus clientes os valores indenizatórios propostos. Foi bastante enfatizada a questão da confidencialidade da informação; era absolutamente essencial o sigilo. Somente a família e seus advogados poderiam saber os valores. Ninguém mais. De madrugada, a reunião terminou.

Eu e Vívian, já no nosso quarto do hotel, ainda fizemos um minucioso estudo sobre o valor proposto a cada familiar. Buscamos comparativo com a jurisprudência brasileira e, após detalhada análise de cada caso, entendemos que ao menos um de nossos casos não havia sido devidamente indenizado. Decidimos que falaríamos com Jim e George mais tarde naquele sábado mesmo. Era quase manhã quando fomos dormir.

Marcamos um horário no sábado à tarde para falar com George e Jim. Nesse encontro, depois de alguns esclarecimentos, soubemos que eles haviam negociado junto à seguradora um valor total para as 77 famílias, do qual eles deliberaram o *quantum* para cada família. No final, conseguimos aumentar o valor da família que era nossa cliente, pois Jim e George foram sensíveis e nossas argumentações eram totalmente procedentes para aquele caso específico. E, ainda, estendemos a reunião a fim de compreender mais a mecânica do acordo.

Agora, o próximo passo era entrar em contato com as famílias, explicar a situação e, caso positivo, coletar as assinaturas, pois havia sido estipulado o prazo de vinte dias para todos firmarem o acordo.

Adianto aqui que todos assinaram o acordo. A ação havia sido finalizada. Foi um momento da história brasileira que quis o destino que eu participasse. E no aspecto indenizatório, pode-se considerar que foi uma missão cumprida!

CAPÍTULO 23

UNIÃO

É INCRÍVEL COMO a vida das pessoas pode mudar de rumo em minutos! Um determinado fato acontece e tudo nunca mais volta a ser o que era antes.

Um dos casos de que tomei conhecimento se referia a uma vítima que mantinha uma relação com outra pessoa do mesmo sexo; era um casal. O companheiro, Jaime, vivia em Porto Alegre; e a vítima, Júlio, viajava constantemente. A família da vítima era do interior do estado do Espírito Santo e não sabia da relação que Júlio mantinha com Jaime. Depois do acidente, a família acabou por tomar conhecimento, pois Jaime reivindicou o seu direito, haja vista a relação de união estável que possuía com a vítima. Os dois realmente formavam um casal; só faltava assumir a união perante a família da vítima. E o acidente permitiu isso! Jaime sempre comparecia às reuniões, inicialmente de forma discreta. Depois, assumiu o relacionamento que possuía com Júlio perante todos. Foi uma atitude de coragem, sem dúvida.

Soube também de uma família da região Norte do país que residia em Porto Alegre. O jovem estava começando a carreira como funcionário da TAM; naquele dia do acidente, ele estava superatrasado, a caminho do aeroporto, e o irmão o acompanhava. Chegando ao balcão da TAM, foi negado o ingresso do passageiro, pois o *check-in* já tinha sido encerrado. O irmão insistiu muito até que a TAM cedeu e concordou com o embarque do referido passageiro.

Enfim, as histórias são muitas...

Alguns acham que o destino estava traçado para essas 199 pessoas. É claro que os reais culpados pela tragédia, ou pelo menos aqueles que contribuíram para que o acidente ocorresse, estão soltos.

Por outro lado, as passeatas das famílias, organizadas pela magnífica Afavitam, ao longo dos anos que se seguiram ao acidente, conseguiram mudar, para melhor, muitos fatores na aviação brasileira. Os membros da Afavitam lutaram como guerreiros em uma Guerra Santa! E contra adversários terríveis e com muito poder econômico.

A questão jurídica resolveu-se por acordo, tanto na versão estadunidense quanto na via da Câmara de Indenização. A investigação policial conduzida pelo Ministério Público foi concluída em 19 de novembro de 2008. Para o Ministério Público, a ex-diretora da Agência Nacional de Aviação Civil (Anac), Denise Abreu, e o diretor de segurança da TAM, Marco Aurélio dos Santos de Miranda, deveriam ser condenados por atentado contra a segurança do transporte aéreo de modo intencional.

A investigação policial revelou que, em fevereiro de 2007, a juíza federal de São Paulo, Cecilia Marcondes, anunciou uma ação para restringir os pousos em Congonhas em dias de chuva. Na ocasião, Denise apresentou um documento que garantia a segurança do aeroporto, mesmo em dias de chuva, mas que foi aceito pela juíza apenas como estudo técnico, proibindo as operações em caso de lâminas d'água maiores do que três milímetros. Por não ser uma norma, mas, sim, um estudo técnico, não havia a obrigatoriedade de segui-lo.

Em 2011, o Ministério Público estabeleceu um inquérito criminal contra Denise Abreu, Marco Aurélio dos Santos de Miranda e Alberto Fajerman, vice-presidente de operações da TAM. Eles foram acusados de negligenciar a segurança do transporte aéreo, permitindo pousos de aeronaves em condições adversas, mesmo sem as ranhuras na pista de Congonhas. O julgamento teve início em São Paulo em 2013. Em 2014, o Ministério Público retirou as acusações contra Alberto Fajerman por falta de provas. A acusação de falsidade ideológica contra Denise Abreu foi retirada em novembro de 2014. Ou seja, os três acusados no inquérito, Denise, Marco e Alberto, não foram condenados.

Em 2014, a seguradora Itaú Seguros, empresa responsável pelo pagamento de indenizações pela tragédia, lançou uma ação judicial no Brasil contra a Airbus no valor de 350 milhões de reais (cerca de 156,2 milhões de dólares). A Airbus, em nota, afirmou que, com base nos relatórios finais divulgados pelo Cenipa (Centro de Investigação e Prevenção de Acidentes), a empresa não teve nenhuma participação direta no desastre, sendo a responsabilidade da TAM, por falta de treinamento; da Anac, por liberar a pista sem os *groovings* (ranhuras na pista que servem para escoar água e aumentar a aderência dos pneus da aeronave ao solo); e dos pilotos, pela configuração errônea dos manetes.

Em setembro de 2009, dois anos após a tragédia, o Cenipa divulgou o relatório final do acidente. Concluiu-se que um dos manetes que controla os motores estava em posição de aceleração, em vez de estar em posição de pouso, mas não foi provado se houve falha mecânica ou humana.

O relatório sugere duas hipóteses para o acidente. Na primeira, haveria uma falha no controle de potência dos motores do avião Airbus A320, que teria mantido um dos manetes em aceleração, independentemente da sua posição real. Em tais circunstâncias, haveria uma falha mecânica da aeronave. Na segunda hipótese, o piloto teria realizado um procedimento diferente do previsto no manual, no qual teria configurado os manetes irregularmente, o que ocasionaria uma falha humana.

Além das posições dos manetes, o relatório se refere a vários fatores que podem ter contribuído para o acidente, como chuvas intensas no dia, formação de poças d'água na pista, bem como a ausência de *groovings*. O relatório não citou o tamanho da pista como fator contribuinte para a queda do avião.

No dia 17 de julho de 2012, foi erguido, no local do acidente, um Memorial em homenagem às vítimas. Localizado na Praça Memorial, é composto por um espelho d'água no qual estão gravados os nomes das vítimas, além de uma amoreira que resistiu ao acidente.

Quanto a mim, tenho a dizer que a minha vida também mudou inteiramente após voo JJ 3054. Meus clientes são, hoje, meus amigos. Com alguns, ainda mantenho contato.

Profissionalmente, resolvi seguir o caminho das indenizações. Atuei no acidente da Air France, no acidente do navio Costa Concordia e em muitos outros desastres aéreos e terrestres. Assumi a paixão pela responsabilidade civil – a parte do Direito que trata de indenização – e me tornei um especialista no assunto.

Na vida pessoal, a mulher que escolhi para trabalhar como colega no acidente da TAM é, hoje, esposa e mãe do meu outro filho Dudu.

A experiência de ter atuado no acidente da TAM me tornou um ser humano mais sensível e que valoriza, cada vez mais, cada minuto de nossa vida!

Por fim, não posso deixar de registrar a minha profunda admiração e respeito pelos heróis que construíram e lutaram pela **Afavitam**!

CAPÍTULO 24

AS LUTAS NAS INDENIZAÇÕES NÃO TERMINARAM

ÀS VEZES, O desdobramento da indenização decorrente de um acidente aéreo não cessa tão breve.

No caso do acidente da TAM de 2007, mesmo após 11 anos da tragédia, ainda surtem efeitos jurídicos. Além disso, evidentemente, os danos psicológicos resultantes da perda dos entes queridos jamais cessarão.

Em relação à indenização, é interessante relatar que 33 vítimas, por meio de seus familiares, ingressaram na justiça contra o fabricante da aeronave.

Como já informado na primeira edição, bem como constou na mídia, o Centro de Investigação e Prevenção de Acidentes Aeronáuticos (Cenipa) divulgou seu relatório final em setembro de 2009, no qual considerou como principais causas, além da falta de infraestrutura do aeroporto em razão da escassez de *groovings* (ranhuras) na pista de pouso e decolagem do aeroporto de Congonhas, a autonomia excessiva aplicada aos computadores da aeronave e também o erro do piloto ao configurar a manobra, visto que ele não seguiu o procedimento padrão para frear o Airbus A320.

O relatório do Cenipa recomendou 83 alterações de procedimentos para evitar um novo desastre.

No que tange à Airbus, ao fabricante da aeronave, o Cenipa recomendou a instalação de dispositivos que emitem luzes e avisos sonoros para alertar o piloto em casos de erros de posição dos manetes.

Após o acidente, a Airbus alterou o procedimento de frenagem da aeronave e o Airbus A320 não é mais freado com os manetes na posição utilizada até então.

Essa modificação no procedimento, aliada ao relatório do Cenipa, ensejou as famílias das vítimas a moverem ação indenizatória contra a Airbus. Também em razão dessa responsabilidade da Airbus, a seguradora da TAM ingressou, em 2011, com uma ação de regresso contra a empresa francesa, com o intuito de recuperar os valores pagos para as famílias das vítimas.

Quanto às indenizações das famílias das vítimas, somente duas famílias ainda não foram ressarcidas, em razão de seus processos estarem tramitando na justiça brasileira. Isso comprova que as questões jurídicas decorrentes do maior acidente aéreo da aviação brasileira ainda levarão um bom tempo para finalizarem.

É por isso que o desdobramento jurídico relatado neste livro é inédito!

Pelo menos dois grandes fatos marcaram muito fortemente a questão jurídica/indenizatória envolvendo o acidente. O primeiro transcendeu fronteiras e é de extrema relevância no âmbito do direito brasileiro e estadunidense; trata-se da ação indenizatória nos Estados Unidos, haja visto ter um passageiro estadunidense no voo, o que ensejou uma ação indenizatória em Miami. O segundo fato é também pioneiro: as Câmaras de Indenização, criação da Defensoria Pública e do Ministério Público do Estado de São Paulo, tiveram êxito ao mediar o conflito indenizatório entre a companhia aérea e sua seguradora e as famílias das vítimas, com seus respectivos advogados. Ademais, em 10 anos as Câmaras de Indenização inovaram a área jurídica, uma vez que o Novo Código de Processo Civil, que entrou em vigor em março de 2016, tem como um dos seus princípios a mediação.

No entanto, nada vai substituir a dor das famílias das vítimas que tiveram seus projetos de vida ceifados de maneira trágica, precisando reinventar suas vidas para seguirem em frente, mesmo com a lembrança daquele terrível 17/07/2007.

Adelaide Moura
Adrién Bisson
Akio Iwasaki
Alanis Andrade
Alejandro Guilhermo Camozzi
Alexandre L. Catussatto
Alexandre Rafael de Góes
Aline Manteiro Castígio
Alvaro Alexandre da Rocha Pinto Breguez
Ana Carolina Santos da Cunha
Andrea Rota Sieczkowski
Anderson Luis Falleiro Cassel
André Ura Dona
Andrei François Mello
Ângela Haensel
Angélica Rojek
Antonio Carlos Araujo de Souza
Antonio Gualberto Filho
Arnaldo Batista Ramos
Arthur Souto Maior de Queiroz
Atilio Sassa Bilibio
Bruna de Villy Chaccur
Bruno Ferraz
Bruno Nascimento
Caio Augusto Bueno Dalprat
Caio Felipe Santos da Cunha
Carla Fioratti
Carlos Alberto Andriotti
Carlos Gilberto Zanotto
Carlos Rockemback
Carmen Luisa Victoria Fonseca
Cassia Negretto
Cassio Vieira Servulo da Cunha
Catilene Maia de Oliveira
Christine Souza
Ciro Numada
Claudemir Buzzanelli Arriero
Cláudia Bárbara
Clove Mendonça Júnior
Daniela Bahdur Dias Pinto
Décio Tevola
Demétrio Travessa
Diogo Casagrande Salcedo
Denilson Lopes Costa
Deolinda Magaly Victor Fonseca
Douglas Henrique Outor Teixeira
Edmundo Bernardo Silva Smith
Eduardo Mancia
Elaine Tavares da Silva
Elcita da Silva Ramos

Elenilze Ferraz
Eliane Soares Dornelles
Elida Dembinski
Emerson Freitag
Enrico Shiohara
Esio Siqueira Freitas
Évelyn Cristine Leo Campos
Fabiana Amaral
Fabiane Conde Ruzzante
Fabiano Rosito Matos
Fábio Costa Balsells
Fábio Vieira Marques Júnior
Fábio Velloza
Fabíola Ko Freitag
Fabio Martinho Novakoski Fernandes
Felipe de Aquino Fratezi
Fernando Antonio Laroq Oliveira
Fernando Fleck Pessoa
Fernando Marques Jesus
Fernando Volpe Estato
Fernando Tergolina
Gabriel Correa Pedrosa
Gilmar Tenorio Rocha
Gottfried Tagloehner
Guilherme Duque Estrada de Moraes
Guilherme Reis Pereira
Gustavo Martins
Gustavo Pereira Rodrigues
Helen de Cassia Zerillo
Heloiza Helena Lopes
Henrique Stephanini Di Sacco
Heurico Hiroshi Tomita
Inês Maria Kleinowski
Ivalino Bonatto
Ivanaldo Arruda da Cunha
Jamile Ponce de Leon
Janus Lucas Leite Silva
Jaqueline Dias
João Roberto Brito
João Francisco Caltabiano
José Américo Flores Amaral
José Antônio Lima Luz
João Valmir Lemes de Souza
José Antonio Rodrigues Santos Silva
José Carlos de Oliveira
José Carlos Pierucetti
José Luiz Souto Pinto
Júlia de Oliveira Camargo
Julia Elizabete Gomes
Julio Cesar Redecker

Karen Melissa Ramos
Kátia da Luz Escobar
Katiane Lima
Kleyber Aguiar Lima
Larissa Ferraz
Leila Maria Oliveira dos Santos
Levi Ponce de Leon
Lina Barbosa Cassol
Lisiane Cirlei da Pieze Schubert
Lucas Palomino Mattedi
Luciana Siqueira Lana Esteves
Luis Antônio Sarapaio Schneider
Luiz Baruffaldi
Luiz Antônio Rodrigues da Luz
Luiz Fernando Soares Zacchini
Madalena Silva
Mara Aline Pereira da Silva
Marcel Cassal Vicentim
Marcelo Marthe
Marcello Rodrigues Palmieri
Marcelo de Oliveira Pedreira
Marcelo Stelzi
Marcio Alexandre de Moraes
Marcio Rodério Andrade
Marcos A L. Curti
Marcos Antônio Lemes Curte
Marco Antonio da Silva
Marcos Dias Stepansky
Maria Elizabete Caballero
Maria de Fátima Santiago
Maria Isabel Caballero Gomes
Mariana Simonette Pereira
Mariana Suzuki Sell
Mario Lopes Correa Gomes
Marli Pedro Santos
Marta Maria Franco Laudaris de Almeida
Melissa Andrade Ura
Mery Wilma Garsk Vieira
Michele Dias Miranda
Michelle Leite
Michelle Silveira Unterberger
Mirelle M. F. Bettiol
Mirtes Tomie Suda
Nadia Moyses
Nadja Soczeck de Paula
Nelly Elly Priebe
Nelson Wiebbelling
Oswaldo Luiz de Souza
Patrícia Hauschild
Paula Masseran de Arruda Xavier

Paulo Cassiano Felizardo Oliveira
Paulo Pavi
Paulo Rogerio Amoretty Souza
Paulo de Tarso Dresch da Silveira
Pedro Miguel Abreu
Pedro Augusto Caltabiano
Peter Finzsch
Priscila Bertoldi Silva
Rafaella Bueno Dalprat
Raquel Soares Warmiling
Rebeca Haddad
Remy Moller
Renan Klug Ribeiro
Renata Oliveira Gonçalves
Renato Garcia Ribeiro
Renato Soares da Silva
Ricardo Almeida
Ricardo Kley Santos
Ricardo Tazoe
Richard Salles Canfield
Roberto Gaviolli
Roberto Ilson Weiss Júnior
Rodrigo Benachio
Rodrigo Prado Almeida
Rodrigo Souza Moreale
Rogerio Tadeu de Laurentis
Rogerio Sato
Rosângela Maria de Ávila Severo
Rospierre Vilhena
Rubem Wiethaeuper
Sandro Schubert
Sergio Freitas
Silvan Stumpf
Silvânia Regina de Ávila Alves
Silvano Almeida
Silvia Grunewald
Simone Lacerda Westrupp
Sônia Maria Machado
Soraya Machado Charara
Suely Antonieta Stumpf Fleck
Suely Leal da Fonseca
Thais Volpi Scott
Thiago Domingos da Silva
Valdemarina Bidone de Azevedo e Souza
Valdir Cordeiro de Moraes
Vanda Ueda
Vilma Klug
Vinicius Costa Coelho
Vitacir Paludo
Zenilda Otília dos Santos